现代户外运动风险及管理策略

张少朋　王冬　孙义　著

应急管理出版社

·北　京·

图书在版编目（CIP）数据

现代户外运动风险及管理策略/张少朋，王冬，孙义著.
--北京：应急管理出版社，2020
ISBN 978-7-5020-8264-2

Ⅰ.①现… Ⅱ.①张… ②王… ③孙… Ⅲ.①体育锻炼—风险管理—研究 Ⅳ.①G806

中国版本图书馆 CIP 数据核字(2020)第 145702 号

现代户外运动风险及管理策略

著　　者 张少朋　王　冬　孙　义
责任编辑 陈棣芳
封面设计 优盛文化

出版发行 应急管理出版社（北京市朝阳区芍药居 35 号　100029）
电　　话 010-84657898（总编室）　010-84657880（读者服务部）
网　　址 www.cciph.com.cn
印　　刷 定州启航印刷有限公司
经　　销 全国新华书店

开　　本 710mm×1000mm $^{1}/_{16}$　**印张** $12^{1}/_{2}$　**字数** 220 千字
版　　次 2020 年 10 月第 1 版　2020 年 10 月第 1 次印刷
社内编号 20200195　**定价** 49.00 元

Preface 前言

21 世纪的今天，随着社会的发展和进步，国民经济的飞速发展，人民的物质生活水平显著提升的同时，对身体健康和心灵愉悦等方面的精神需求日益扩大，正是因为对精神世界的期望值不断增高，将更多的社会财富吸引到体育健身和休闲娱乐领域，使该领域的资金数目和比例逐年增加。其中，“拥抱自然，挑战自我”的各类户外运动越来越受到国人的青睐。人们开始希望远离都市的喧闹，投入大自然的怀抱，享受野外的生活。在大自然中感受宁静，释放压力，放松自我，战胜自我，从身体发展和心灵感受两个方面都得到满足。于是，户外运动正成为国人一种新型的、健康的时尚休闲运动。

户外运动，从广义上可以单纯地理解为一切“室外”开展的人类活动。我国权威机构——国家登山运动管理中心，将户外运动定义为以自然环境为场地（非专用场地）的，由多种体育项目构成的，带有探险性质或体验探险的体育群组。这些体育群组大致可以分为以下六大类：水面运动及航海类，如漂流、溯溪；陆地运动及单车类，如定向越野、越野自行车；山地运动及地下活动，如登山攀岩、峡谷运动、探洞；野营活动及猎捕饮食，如野外生存；机动车船及航空类，如滑雪速降、山地穿越、翼伞滑翔、热气球、蹦极；娱乐休闲及军体运动。其中大部分项目属于山地户外运动，山地户外运动也是我国现阶段发展最迅速，最容易实现、最受老百姓关注和欢迎的体育项目。

近年来，我国的登山等户外运动发展很快。在自然环境中进行徒步、探洞、登山、攀岩、攀冰、划船漂流等多项独具魅力的运动，越来越能够吸引人民群众的兴趣，人在与自然融合的过程中，借助山地地貌的特有资源，最大限度地发挥自我身心潜能，这也许正是山地户外运动的核心价值所在，正是借用大自然的独特魅力，使参与者得到终生难忘的人生经历，激发潜能，提高团队合作精神，促进人的全面发展。人民群众通过参与这些向自身挑战的娱乐休闲项目，不仅获得探险大自然的体验，又可以满足寻找挑战的冒险精神，极大丰富了人民群众的业余体育活动和文化活动。

然而，在挑战自我的过程中，也充满了各种各样不确定因素，探险也带来了异于常态生活的相对更多的危险。登山等户外运动属于高危的体育运动项目，我国开展山地户外运动发展较晚、起点较低，人们缺乏对其正确的理解，缺乏相关的专业知识和实践经验与能力，损伤情况较多，登山等户外运动发生的山难和遇难人数也逐年明显增加。尤其在充满活力和激情的年轻群体中，逐渐兴起了以野外生存体验为代表的户外探险活动，但这项运动并非所想的异乎寻常，由于常人少于野外生存的各种技能和经验，加之年轻人的心理素质尚未成熟，当真正置身于恶劣无常的自然环境中时，才能切身感受到“大敌压境”的困难与无助。近年来许多年轻人片面追求“茹毛饮血”的原始生活，感受“出生入死”的惊险刺激，盲目进行探险或体验野外生存，致使不少人受到了不必要的伤害，甚至付出了生命的代价。想要成为一名合格的探险者，必须具备超强的野外生存能力和过硬的心理素质，即丰富的野外生存经验、熟练的生活技能和顽强的意志、持久的耐力以及必胜的信念。只有这样，才能在保证自身的生命安全的基础上，收获更丰富的精神世界。

对以上因与参加登山等户外运动而造成的伤亡总人数的显著增加的现状，我们必须高度重视，坚持安全第一的原则，进行认真的分析研究，制定切实可行的对策，最大限度地规避、防范、减少山难的发生，逐步建立、完善登山等户外运动的风险管理体系，全面开展预防为主、积极应对、有效救援等各项工作。我国现有的户外运动安全保障体系是一个开放性宏观体系，并向着国际化、现代化、规范化、全面系统化的大趋势发展，大致可概括为“一核心、一指导、两体系、一措施”。其中，“一核心”是以安全保障机构为核心；“一指导”是以安全保障政策法规系统为上层指导；“两体系”分别是以安全保障宣传教育、安全保障预警、安全保障控制、安全保障装备四个子系统组成的事前预防和事中监管的体系以及以保险系统为保障的事后赔偿体系；“一措施”是以安全救援系统为保障的事中遇险应急措施。以上要素相互联系，相互制约，成为一个整体，执行保障功能。

目录 contents

第一章　户外运动概述

第一节　户外运动的发展

户外运动的历史，最早可以追溯到18世纪。当时，这些野营、探险、登山、攀岩等户外活动已经成为众所周知的运动，只是随着近三个世纪的发展与变迁，人类将户外运动细化了。在18世纪之前，人们对神秘莫测的山区认识不够，认为山中必有神魔，从而心生畏惧，不敢接近，直到传教士为了传播教法必须穿越山区，人们才开始近距离接近山区；随后探索未知世界的科学家们也相继走进山区进行自然生态的探究，当时的户外运动更多的是人们为了谋求生存而被迫采取的活动；工业革命后，那些实现财富积累的企业家（社会新阶层——资本家）希望追求身体和精神层面的另一种刺激，开始把登山当作一种休闲方式。自1760年法国科学家德·索修尔首次登上阿尔卑斯山顶峰（法国境内勃朗峰）以来，人们便视“首登”为共同追求的目标。从平缓到陡峭、从容易到困难、从绿树成荫到终年积雪，当时的登山者不断地开发并推出成套的“登顶”技术，征服了一座又一座山峰。即使这些技术和装备都很简陋与青涩，也无法阻止人类走向对大自然的探究之路。

到了20世纪，人类社会进入利益分配不均的时代，第二次世界大战期间，为了更好地适应地形作战的需要，英国率先利用天然屏障和人工绳网的编制进行“越障”训练，从而提高野外部队的作战能力和团队合作能力，最终形成了攀岩和野营雏形，这是人类首次有意识地把户外活动系统运用到现实生活中。

在第二次世界大战期间发生的多起海难中，能逃生的人年龄大多在 28 岁至 38 岁，经专家们研究发现，这一年龄段的人大多心理成熟，具有丰富多样的生活经历和良好的团队精神，也正是这些因素帮助了他们的幸存。第二次世界大战后，随着战争的远离和全球经济的发展，户外活动逐渐摆脱了军事和求生的特点，发展成为人类一种新型的休闲娱乐方式。

世界进入现代以后，户外运动真正实现了具体的形成分类。新西兰在 1989 年举办了首次越野探险挑战赛，又在 7 年后开始举办一年一届的七星越野挑战赛，各种形式的户外活动和比赛在全世界如火如荼地开展起来。正是因为新西兰是现代户外探险、越野运动的起源地，拥有肥沃的发展土壤和坚实的文化根基，新西兰每年都会有一半以上的人口参加不同形式的户外运动。在 20 世纪的 100 年里，户外运动作为一种体育休闲项目，发展势头更加迅猛，模式更加多样，功能也更贴近生活，其内涵得到了实质性的升华；21 世纪，户外运动成为娱乐、休闲和提升生活质量的一种全新的生活方式。2001 年，瑞士举办了首届越野挑战赛、世界锦标赛；欧洲每年都举行众多的大型挑战赛，各种大型越野挑战赛（也称探险越野赛）；在美国，半数国民一生中至少参加过一次户外探险活动和无数次的野营郊游活动。户外运动项目发展历史虽然短暂，但发展速度迅猛。经过几十年的发展，户外运动现已成为美国、日本、新西兰等国家十分普及的一项体育运动，野外露营更是老少咸宜、喜闻乐见的活动。

第二节 户外运动的分类与功能

一、户外运动的界定

国际上关于户外运动的研究已经有 50 多年的历史了，随着世界经济的日益繁荣、人际竞争的不断加剧、人类生存与自然环境的矛盾日渐突出，人们亲近自然、放松心情的意愿更为强烈，户外运动应运而生并得到普及。户外运动作为一项集运动和休闲为一体的新兴运动项目，起初只是少数人寻求刺激、挑战自身极限的游戏。随着人类社会的发展，登山、攀岩、野营、探险等户外运动得到了普及，尤其在欧美发达国家十分盛行，并形成了较完整的经营模式。

改革开放以来，随着经济的腾飞和人民生活水平的提高，登山、攀岩、定向越野、野营、探险等经典项目被逐步引入国内，“户外运动”作为一种新兴的社会时尚运动和健康的生活方式逐渐为广大群众所接受，并快速进入公司白领、行政职员、高校学生等群体的日常生活中。然而，虽然目前户外运动发展迅速，国内各大高校、研究机构也逐渐重视对户外运动的研究，但对其还没有权威的定义。学术界普遍认为户外运动是涉及体育、旅游、社会学、心理学、经济学、管理学等的综合学科，应有广义和狭义之分。广义的理解，户外运动应包括所有在非人工的自然环境中的空间位置，即通俗的“室外运动”，如我们在露天环境下进行的各种球类运动、跑步、游泳、骑马、射箭等，但这个定义由于较为宽泛，很容易同其他体育项目混淆，无法显示出户外运动的特点和魅力。狭义的理解，在自然界开展的体育活动，如自然场地、人工非运动目的的建筑物（在公路、楼房开展的少数极限运动等），参与者通过这些大众普及的休闲娱乐项目，最大限度地接近自然，享受生活，从而使自己的身心得到锻炼，如野营、攀岩、探险等。国家体育总局登山运动管理中心主任李致新认为“户外运动是指在自然场地（非专用场地）开展的户外运动活动”；登山运动管理中心户外运动部主任李舒平认为“户外运动是一组以自然环境为场地（非专用场地）的带有探险性质或体验探险的体育运动项目群”。此外，户外运动还有一种特定含义，即山地户外运动，国家体育总局于 2005 年 4 月将其正式纳入我国允许开展的体育项目之列。国家体育总局对户外运动的具体内容给予了明确规定，目前我国开展的户外运动是登山运动下属的二级户外运动项目，界定“山地户外运动”为以自然山地和其他自然场地为活动场所开展的一组体育运动项目群。山地户外运动比赛项目设置采取“3+X”制，“3”是指 3 个必须进行的项目，即登山（包括攀岩、岩降等）、水上竞渡和定向越野；“X”是指根据比赛场地实际情况而设置的项目，包括山地自行车、山间跑、负重穿越、溯溪、溜索、划筏渡湖、漂流、野外生存等。

综合上述各类观点，编者将户外运动具体表述为“两层含义、三个要素、五大系列”。户外运动是指以自然环境或人工非运动目的的建筑物为场地（基本特点），带有探险体验性质（基本属性），最终达到强身健体和提高竞技水平的一组体育运动群组，此为两层含义；鉴于户外运动种类纷繁复杂，并且各种突发事件和困难障碍的情况时有发生，户外运动必须具备以下要素：产生垂向位移或运动（如登山、攀岩等）、产生水平位移或运动（如徒步、骑行等）、具备随机应变能力和克服障碍能力（如野外生存、障碍赛等）；由于“室外”的范围较为宽泛，受不同地形的限制可以开展多种户外活动，故我们将户外运动分为五大系列，即山地运动系列、峡谷运动系列、海岛运动系列、荒漠运动系列、建筑物运动系列。

二、户外运动的地位与功能

（一）户外运动的地位

户外运动自 20 世纪 80 年代中期传入我国后，随着我国国民经济的迅速发展和人民生活水平的不断提高，深受群众欢迎，发展十分迅速并具有广阔的前景。尤其是进入 21 世纪以来，人们走出城市、贴近自然的呼声越来越高，越来越多的人利用节假日走向户外。户外运动因与体育健身紧密结合，逐渐成为体育和旅游产业发展的重要领域。

众所周知，户外运动不仅是一种新颖时尚的休闲方式，还是一种健康的生活方式，在提高个人身心素质、思想道德素质方面有明显的促进作用，对增强人与人之间的配合和团队协作能力、促进人与自然的和谐发展有着不可替代的作用。因此，以山地自然环境为主要场地的户外运动率先被确定为我国正式开展的体育项目。据调查，户外运动在人们最喜爱的全民健身运动项目中名列前茅，每年户外运动参加人数超过 5 000 万人，多以登山、攀岩、野外生存、野外徒步穿行、山间漂流等为主要活动形式。很显然，户外运动已成为全民健身的重要项目之一。同时，专门的组织机构如雨后春笋般相继确立。据不完全统计，全国大大小小的户外运动俱乐部已有上万家。以上充分说明了户外运动对我国群众体育的发展发挥着不可忽视的重要作用，在我国体育事业发展中占据着举足轻重的地位。

（二）户外运动的功能

户外运动作为一种舶来的体育项目，在我国的发展仅 20 年，但已受到广大爱好者的青睐，已经在人们心中占据重要地位。中国老百姓通过对户外运动的了解与认知，对此产生了浓厚的兴趣，纷纷加入户外运动的行列。久而久之，户外运动的功能也日益凸现出来。户外运动既有体育项目的普遍性，又有其自身的特殊性。体育项目的普遍性决定了户外运动促进身心健康的基本功能，而其自身特点决定了户外运动能够培养团队协作精神，锤炼坚韧不拔和处事不惊的果敢性格，增强环保意识，促进人与自然的和谐发展等特殊功能。除此之外，户外运动还具有教育功能和经济价值功能。

（1）促进身心健康是户外运动的基本功能。户外运动可以对身心健康起到积极作用。一方面，在空气清新、环境优美的野外进行攀爬、跳跃、徒步行走等户外运动可以增强心肺功能，使肌肉得到锻炼，最终达到提高个体的力量、速度、耐力、灵敏、柔韧等综合身体素质的目的；另一方面，户外运动的强度不是很大，主要是徒步和登山的形式，平均心率在110次/分钟，属于有氧运动，能达到锻炼的目的。由于个体的身心健康直接决定其智力、品德、行为和综合素质的水平，以及创新意识、竞争能力、自主人格、适应能力的形成和发展，所以未来对人才的要求不仅局限于熟练掌握现代化的科学技术，更需要有强健的体魄和过硬的心理素质做支撑。

户外运动是以自然环境为锻炼场所，以“自由选择、运动、健康、愉快”为原则的锻炼方式，在紧张的学习、工作后投身大自然的怀抱，尽情享受大自然的空气和阳光，享受精神的放松，并在户外运动的过程中享受成功的喜悦，在队伍中体验团结的力量，在能量的释放中获得满足，在自我挑战的进步与升华中感受成功的喜悦。通常，野外环境复杂、气候多变、条件艰苦，与方便、舒适、安逸的都市生活形成鲜明的对比。在变幻莫测的野外环境中，户外运动的参与者要背负沉重的行囊，跋山涉水、披荆斩棘，不仅要与险恶的自然环境做斗争，还要时刻与内心的犹豫、妥协思想做斗争。在思想和体能的双重压力下，户外运动不仅能够练就过硬的身体素质，还能够锻造勇于拼搏、坚韧不拔、沉着冷静的良好品格。

（2）培养团队协作精神，促进和谐的人际关系是户外运动的特有功能。人是组成社会的基本单位，人不能脱离社会，人与社会两者相辅相成，相互影响。社会的主体是人，人的属性是社会性，人只有置身于社会中，身处于“人与人的交往”中，才能不断认识自我、完善自我，以谋求最终的发展。然而，在市场经济飞速发展的今天，人际关系并没有随之取得明显进步。发达的交通工具使世界变成地球村，但钢筋水泥构筑的城市和互联网信息技术的广泛使用，阻碍了人们之间的交往和沟通，使人与人之间的直接交流越来越少，人与人之间的情感、友谊日益淡薄。

作为集体性项目，户外运动十分强调团队协作，自始至终都强调团队精神。人是一种情感动物，需要感情的交流和沟通。在野外，空旷、美丽、宁静的大自然为参与者提供了畅所欲言、互帮互助的空间和机会，激发了人们交流的欲望和思维。在户外，同望一片星空，同宿一顶帐篷，同食一锅饭菜，同饮一壶清水……大家从素不相识到相识、相知。在挑战自然与自我的过程中，人与人之间的信任、协作与帮助，对于形成乐于助人的高尚品德和团队协作精神，锻炼吃苦耐劳精神，都有十分显著的特殊功能。

此外，由于户外运动要求每个人对自己的任务持有负责的态度，并与整个集体的荣誉休戚相关。因此，每个人在野外活动时，不仅要注意个人的安危，还要时时处处为集体和他人着想，时刻要从集体利益出发。而集体要时刻牵挂和关心着每一个参与者。团结互助、关心同伴是户外运动参与者必须具备的思想素质，这样才能够将户外活动中产生的矛盾轻松化解，更好地促进人际关系的和谐。

户外运动集体项目迫使参与者在面临困难时，同舟共济，同甘共苦，每个人都必须为困难的解决出谋划策，群策群力解决问题，从而培养他们的团队精神和与人合作的能力，消除孤独心理，克服盲目强调以个人为中心的意识，指引现代青年人融入社会的正确之路。

（3）增强环保意识，构建人与自然的和谐是户外运动的附加功能。“环保”理念是户外运动重点强调的，和谐社会就是人与人、人与自然和谐相处的、稳定有序的社会。在世界经济迅速发展和现代文明高度发达的今天，大自然的阳光、空气、水、动物、植物时刻经受着环境污染的威胁。为了保护我们赖以生存的地球，为了子孙后代的长远利益，环保成了迫在眉睫的问题。在自然环境中进行的户外运动，使我们获得了与自然心灵相通、感应交流的能力，一名合格的户外运动参与者，一定会珍爱自然，善待自然。大自然给了人类蔚蓝的天空、清澈的江河和俊美的山川，户外运动参与者必须还鸟兽自由的空间，除了脚印外，其他都带走，切实做好户外活动中的环境保护工作。

（4）户外运动对人的发展具有教育功能。户外运动深受青少年的喜爱与欢迎，因此它的积极作用也具有教育价值，同时体现了户外运动在学校教育中的作用与地位。尤其在高校，与时俱进的户外运动的教学内容和方法兼顾实用健身与趣味娱乐，得到了在校大学生的一致认同。例如，高校开展野外生存生活训练，1998 年，中国地质大学率先将野外生存作为一项新型体育项目列入体育教学计划。教育部也明确指出应“充分利用空气、阳光、水、江、河、湖、海、沙滩、田野、森林、山地、草原、雪原、荒原等条件，开展野外生存、生活方面的教学与训练，开发自然环境资源”。户外运动符合“以人为本”教育观，既可以激发学生的学习兴趣，又是实现体育教学目标的有效手段，能使体育教学由“以运动技术为中心”向明确动机、尊重学生人格和个性化发展、注重素质教育、总结经验上转移，最终实现健康、快乐、终生的体育教学目标。因此，其得到了教育界的一致认可和推崇。据统计，我国目前开设野外生存、攀岩、拓展、定向越野等户外运动课程的高校已超过百所。

（5）户外运动的经济价值功能日渐凸显。随着户外运动在世界范围内的日益普及，它成了人们生活的重要内容。据经济观察家预测，户外运动产业作为体验经济的先锋已经成为包括我国在内很多国家不可或缺的产业，是 21 世纪 7 个最佳的投资方向之一，并逐渐成为最具前景的行业之一。在众多的户外运动项目中，休闲运动项目备受民众喜爱。在美国，户外运动的参与人数和产值都位居所有体育运动项目的第三位。户外运动同时牵动一条产业链的发展，包括装备、服务等多个产业类别。就全球范围讲，户外运动市场具有无法估量的巨大潜力。世界旅游组织公布全球户外运动产业正在以每年 14% 的速度增长，成为旅游大市场中增长最快的业态数据。以我国为例，我国户外运动产业正以 30% ~ 40% 的年均速度增长。其中，户外运动产业中的冰雪运动、山地户外运动、水上运动、航空运动等运动项目，在 2020 年预期将达到 6000 亿元、4000 亿元、3000 亿元、2000 亿元。

相比较而言，我国的户外运动由欧美传播而来，行业起步相对晚，产业链的形成和发展相对滞后。经过 20 多年的快速发展，我国的户外运动呈现出了强劲的后势和巨大的潜力。在户外运动发展的最初阶段，我国户外运动产业以代理销售国外户外运动品牌装备、器材为主。随着 21 世纪以来户外运动在我国的蓬勃发展，我国在户外运动产业方面逐渐构建了自主装备制造、竞赛表演、培训服务等符合我国人民生活习惯特点的专业市场，有效刺激、带动了旅游等相关产业的发展，直接促进了国民经济的增长。

第三节　国内外户外运动的相关机构

因为户外运动的组织管理贯穿于整个活动或赛事，没有卓有成效的组织工作，就无法实现户外运动管理的预定目标任务。本节主要从成立时间、组织结构、主要职责等方面，介绍当前国内外户外运动的几种管理组织。

一、我国户外运动的相关组织

（一）中国登山协会

中国登山协会成立于1958年，是组织、管理、普及和推广登山运动的唯一的全国性机构，先后组织国内外登山爱好者成功攀登珠穆朗玛峰10余次，更在2008年北京奥运会之际将奥运圣火送至珠穆朗玛峰顶端。这一举世瞩目的重大事件是人类首次将奥运火炬在世界之巅进行传递。当鲜艳的五星红旗和奥林匹克五环旗同时飘扬在世界屋脊的时候，中国现代登山运动的又一华美篇章就诞生了。

近年来，中国登山协会开始大力发展登山运动的相关项目，如攀岩、攀冰、户外运动、拓展运动、蹦极运动等，先后举办了多次国际及全国性比赛，对推动中国登山运动的发展，促进全民健身计划的实施，增进国际登山界的交流都起到了积极的作用。在群众性登山运动开展方面，中国登山协会在各地方部门的配合下，先后组织了多次群众新年登高和登山大会，如“元旦八达岭登长城活动”“泰山国际登山节”“莫干山登山节”“健康老人登山活动”等，还组织了较有影响的全国露营大会、徒步大会、青少年登山夏令营等活动，深受广大群众的欢迎。这些群众性登山活动形成了一定的品牌效应，起到了明显的效果，有力地促进了登山运动的普及和推广，推动了全民健身计划的实施。

（二）组织结构

组织结构是整个管理系统的“框架”，即反映人、职位、任务以及它们之间特定关系的网络，主要负责对人和工作任务进行分工分组，协调配合完成工作任务。中国登山协会的机构设置如图1-1所示。

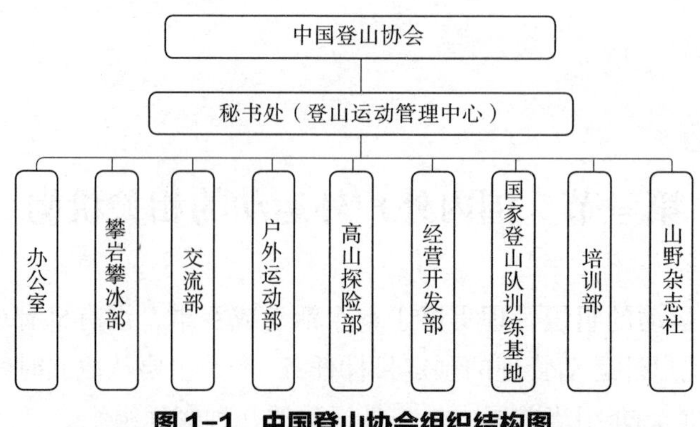

图1-1 中国登山协会组织结构图

1. 办公室

主要职责：①负责登山运动管理中心年度计划和工作总结的起草；②负责登山运动管理中心文件的保管、收发和简报编发；③起草主任办公会议纪要；④负责协调登山运动管理中心各部门工作；⑤负责登山运动管理中心文秘工作；⑥负责登山运动管理中心人事（含人事档案、劳资）工作；⑦负责登山运动管理中心外事工作；⑧负责登山运动管理中心党务工作；⑨负责登山运动管理中心财务工作；⑩负责登山运动管理中心国有资产、固定资产管理；⑪负责登山运动管理中心物品、物资保管；⑫负责登山运动管理中心档案归档和指导各部档案归档；⑬负责登山运动管理中心纪检监察工作；⑭负责协会工作；⑮负责工会工作；⑯负责绿化卫生工作；⑰负责保卫工作；⑱负责保密工作；⑲负责法制工作；⑳负责医保工作；㉑ 负责老干部工作；㉒ 负责计划生育工作；㉓ 负责统计工作；㉔ 负责交通车辆管理。

2. 攀岩攀冰部

主要职责：①负责全面指导管理全国攀岩攀冰运动工作，制定方针政策；②负责策划、组织各类全国及国际性赛事和活动；③负责攀岩攀冰国家集训队和运动员的注册监督管理工作；④负责青少年及后备人才的培养。

3. 户外运动部

主要职责：①负责全面指导管理全国户外运动工作，制定方针政策；②负责策划、组织各类全国及国际性赛事和活动；③负责户外运动国家集训队和运动员的注册监督管理工作；④负责全国登山户外运动俱乐部的资质认证和等级评估工作；⑤负责全国户外俱乐部年会组织工作。

4. 高山探险部

主要职责：①负责全面指导管理、策划组织全国高山探险工作，制定方针政策；②负责国家登山队的组建、日常训练和管理工作；③负责开拓国内外高山探险资源和市场的开发；④负责全国山地救援体系的建设及救援人员的培训；⑤负责统计、编写和发布年度山难事故报告。

5. 对外交流部

主要职责：①全面负责外籍自费来华登山人员及活动的管理工作，制定、修订外国人自费来华登山工作的方针政策；②负责外籍来华登山活动的联络、接待、审批和登山山峰所在地登山管理工作；③负责全国登山联络官的管理，为外国人来华登山提供高效优质的服务；④协助办公室与各国和地区登山组织进行联系与沟通及其他外事工作；⑥协助高山探险部做好开拓高山探险市场，开拓高山探险资源工作。

6. 培训部

主要职责：①指导和管理全国户外运动培训工作计划的制订和组织实施；②负责协会技术资料的收集、整理和官方网站的信息发布运营工作；③负责中国登山协会知识产权的注册和保护；④全面户外安全教育计划的实施与监督。

7. 经营开发部

主要职责：①负责协会无形资产的维护与开发；②负责登山、攀岩及户外运动场地装备器材标准的制定；③负责中心大型活动和比赛的策划及赞助工作；④负责登山、攀岩和户外运动场地装备器材的监测和监督工作。

8. 国家登山训练基地

主要职责：①负责登山、攀岩攀冰、户外拓展运动及人员接待工作；②做好接待总局和各项目中心的训练、休假的服务工作；③发掘基地潜在优势，积极开拓服务市场，扩大经济收益；④负责基地所有国有资产的维护、维修等管理工作。

二、国际登山组织联盟（UIAA）

（一）国际登山组织联盟的成立

1932 年，来自 18 个国家和地区的代表在法国的沙慕尼（Chamonix）召开会议，成立了国际登山组织联盟，大家达成一致意见，即应该鼓励年轻人参加登山运动，制定国际标准，增强安全和环保意识。国际登山运动联盟是被国际攀岩界认可的专业人士组织。国际登山运动联盟“强调安全，注意环保”，促进了人们自由享受攀登运动。

攀岩、越野和登山为不同背景、年龄、种族、宗教和国籍的人提供了体验不同的环境和文化，提增强责任意识，发展恒久友谊的机会和平台。国际登山组织联盟制定了一部开发山地运动价值的《山顶宪章》和一部可促进合作与和平、环境保护和追求卓越体育的提案。

（二）国际登山组织联盟的成员

国际登山组织联盟的专业技术和资助来自各国的登山协会以及全球范围内所有热衷于登山运动的组织和团体。

国际登山组织联盟有 97 个协会成员及来自 68 个不同国家和地区的 2 500 万注册者和成千上万的爱好者。UIAA 办公所在地在瑞士。

（三）合作伙伴和加入方法

国际登山组织联盟的工作类似政府间合作组织，它是一个为了登山运动可持续发展而结盟的联合国国际合作组织。

在联合国“2002 国际山年”期间，UIAA 有一系列获得成功的合作项目，特别是与世界自然保护联盟（IUCN）、联合国环境规划署（UNEP）和联合国粮食与农业组织的合作项目。UIAA 是被国际奥林匹克委员会（IOC）、国际单项体育联合会总会（GAISF）和国际世界运动总会（IWGA）认可的成员。它也为公司提供了互利的合作机会。

（四）工作内容

UIAA 的主要工作职责和内容是促进各成员之间的紧密合作，各成员协会中的志愿者通过互联网沟通工作，每个网络和小组都将他们自己的特殊专长发挥到极致，从而克服地域的限制，完美高效地完成工作。

（五）交流与沟通

UIAA 成员间可通过网络就重要消息进行交流与沟通。所有关于 UIAA 的成员协会情况、赛事日程、环境指南、联盟决议、竞赛规则、职业标准、媒介信息等都可在 UIAA 网站上查找得到。

第四节　我国户外运动的法规制度

为适应我国户外运动产业的飞速发展需要，2005 年 5 月，登山管理中心报国家体育总局研究决定，将“山地户外运动”正式设立在登山项目下的分属体育项目，由国家体育总局登山运动管理中心的户外运动部专门管理，主要负责户外运动的行业规范监督和赛事的组织策划，为此还先后出台了《登山户外俱乐部及相关从业机构资质认证标准》和户外运动竞赛规则（分站赛制和积分赛制两种），便于促进户外运动的持续健康发展。在从业人员专业培训和队伍组建方面，登山运动管理中心加大力度推广户外运动专业技术的普及和实践，对已经符合考核标准的指导员、裁判员和专业管理人员颁发证书。正是因为建立和完善了一系列的法规制度，我国组建了一支受训有素、专业过硬的骨干队伍，进一步推动和规范了我国的“山地户外运动”。户外运动法制化建设有利于我国户外运动的健康发展和规划管理，对于更好地促进开展全民健身运动具有十分重要的意义。

一、户外运动法制建设的意义和任务

（一）我国户外运动法规制度的概念界定

所谓法规，是指国家机关制定的法令、条例、规则、章程等一系列规范性文件的总称。法律位阶从高到低依次分为六个层次：基本法律、其他法律（一般法律或普通法律）、行政法规、地方法规、自治条例和在本部门关系内有效的部门规章。本章所提“户外运动的法规制度”指在体育系统管辖范围内制定的规章制度，属于部门规章范畴，如《国内登山管理办法》《高山向导管理暂行规定》等。

体育部门制定的在体育（户外运动）总局管辖范围内有效的低层次法规多是针对户外运动业务方面的管理与服务，其包含的形式既可以是国家正式颁布的法规，又可以是各级行政机构和各个户外运动主管部门所制定的具有法律效力和法律规范性的各种户外运动管理规范等。由于我国户外运动在范围界定方面尚未清晰明确，目前，我国现有的户外运动的管理法规中，没有专门为了户外探险运动的奉献致害责任而量身制定、明确规范的规定。

（二）加强户外运动法制建设的意义和任务

健全社会主义法制，依法治国是我国现代化建设的重要指导方针。随着社会主义市场经济体制的不断完善和配套法律体系的逐步建立，法律正在成为管理国家事务、规范社会行为、调整利益关系的主要手段。户外运动产业在国民经济中的比重也逐年升高，因此加强户外运动法制建设有以下重要意义：①体现人民的意志，保障人民群众的体育权利，使体育更好地为人民服务；②对于户外运动项目而言，依靠法律手段加强户外运动的管理，保障了户外运动参与者的生命财产安全，做到“有法可依，有法必依，执法必严，违法必究”；③规范和提升整体户外运动行业的依法行政水平；④合理合法地协调解决处理户外运动活动、竞赛、经济活动中的矛盾冲突。

纵观我国户外运动的法制进程，以改革开放为界前后可分为两个阶段。前一阶段以 1958 年中国登山协会成立为标志，协会的建立优化整合了户外运动管理的行政职能部门，如设立国家体育总局登山运动管理中心，其成为我国户外运动管理的最高行政部门等，使我国刚刚接触户外运动的相关从业人员的法律意识和观念得以提升，对整个行业的法律制度建设具有重大意义。自改革开放以后，随着我国对外开放的程度进一步扩大，户外运动在我国进入高速发展的阶段，这对我国户外运动的法制建设提出了更高的要求。近 20 年来，户外运动立法步伐明显加快，乃至全国体育的法制建设都取得了长足的进步。例如，针对登山、攀岩、攀冰等户外运动项目的管理、从业人员考评及管理、行业俱乐部管理等方面，颁布了一系列具有法律效力的全国、地方户外运动管理制度和条例，极大地扭转了户外运动诸多方面无法可依的局面。在适应社会主义市场经济体制下的措施实行和法律法规的颁布保障了户外运动参与者和从业人员的人身安全和经济利益，促进了户外运动事业的稳步发展。但是，户外运动法制建设方面还存在一些问题，导致在现实的户外运动管理中出现了发生事故后无法可依的情况。我国户外运动法制建设存在的问题主要表现在以下几个方面：①尚未有专门的针对户外运动的法律出台；②户外运动工作队伍法律素质不高，各级户外运动管理部门依法行政的意识和能力较弱；③依法行政、依法管理户外运动的观念还不牢固；④某些方面还存在法律空白或条款缺位情况；⑤解决重难点问题管理制度数量和多样化方面仍然短缺和薄弱；⑥户外运动管理工作的不少方面还没有完全纳入法制化管理轨道。

按照依法治国的总要求，体育领域法制建设的基本原则是以有法可依为前提，以有法必依、执法必严为基本要求，以违法必究为惩戒和保障，全面切实地做到体育法制化的实施。从国家行政管理角度实现对户外运动的依法治理，为社会主义依法治国的建设做出应有之力。户外运动的法制建设，具体内容及任务可以分为以下两步：第一，加大户外运动的法制宣传教育力度，普及法律常识，增强相关从业人员的法律意识，自觉遵守法律规范，从而营造出良好的法制舆论环境；第二，在实际行动中，加强户外运动法制科学研究，加快户外运动的立法步伐，扩大和增加立法的范围和种类，健全户外运动法规体系，提升管理者的法律素质，提升行政人员的依法管理水平。

二、户外运动法规制度的分类及主要内容

根据业务管辖范围，当前我国登山运动管理中心出台的各项规章制度大致分为各单项管理法规、从业人员管理办法以及从业机构管理办法三类。

（一）各单项管理法规

1.《国内登山管理办法》的基本内容

《国内登山管理办法》共有五章二十六条，分别从登山活动申请具备的条件和流程等方面进行了详尽的说明，明确了本办法的适用范围。其中，第三章针对登山爱好者比较关心的成绩确认问题做出了明确的声明。

2.《攀岩攀冰运动管理办法》的基本内容

《攀岩攀冰运动管理办法》共有五章十七条，由于攀岩攀冰运动具有一定的危险性，所以此办法重点从竞赛活动管理、从业人员管理、惩罚办法等方面进行了明确规定。其中，第二章第八条针对运动员禁止使用兴奋剂和参与一切形式的赌博活动做出了具体的规定说明。

3.《外国人来华登山管理办法》的基本内容

《外国人来华登山管理办法》共有七章二十八条，由于涉及国家主权领土等涉密问题，是所有户外活动管理办法中内容最多的，尤其是在第三章中关于外国人登山的规定，用七条（第十二条至第十八条）来阐述，声明了外国人在中国境内登山必须遵守的相关规定，还对外国人来华登山的申请、审批等手续进行了规定。同时，第三章对外国人在华开展登山活动过程中的保险、组团、环保、联络、成绩等事宜给予了明确说明。此外，本办法突出在第四章对带有科考测绘性质的登山活动做出了明确规定，外国人在参与此类登山活动前必须向中国国家体育总局申报科考测绘的计划和具体内容，经我国科学技术委员会和国家测绘局审批后，方可进行登山活动。

（二）从业人员人事管理办法

1.《登山运动员技术等级标准》

国家体育总局于 2014 年 1 月更新了此标准，将我国登山运动员技术等级划分为国际级运动健将、运动健将、一级运动员、二级运动员、三级运动员共五个等级，每个等级又分为男子、女子两个别种，并分别设立评定标准。所有参与评定的登山运动员必须持有“登山活动许可证”，还要拥有山峰所在地行政部门发放的“登顶证明书”，方可申请并获得登山项目等级称号。

2.《高山向导管理暂行规定》

《高山向导管理暂行规定》是国家体育总局于 2002 年颁布执行的，共六章二十四条，对高山向导的概念进行了界定，并从高山向导的基本职能、资格管理和需要承担的相应法律责任等方面提出了明确规定，旨在推动我国登山事业健康发展。例如，此规定还规定了四个等级的高山向导各自的具体工作职责。

3.《户外运动员注册与交流管理办法》

本办法自 2004 年由国家体育总局颁布以来，一直处于试行阶段，办法涉及从业运动员的注册及管理共十七条，明确户外运动员一切管理工作的主体为国家体育总局登山运动管理中心，运动员所属的法人代表每年为其进行注册。为了便于户外运动员的管理与交流，此办法详细说明了每位运动员注册的流程和所需资料以及注册限制时间。户外运动员想要参加全国的任何比赛，注册证都是唯一的身份证明和资格准入证明。一个注册年度结束后，运动员可以采取自愿原则进行流动。

4.《攀岩运动员参加全国比赛代表资格注册管理办法》

此办法由国家体育总局于 1998 年颁布运行，又于 2004 年颁发补充规定。其原因在于近年来我国攀岩运动的快速发展，攀岩户外运动形式众多且变化很快，随着商品经济的繁荣，各种商业活动层出不穷，造成了市场的混乱，诱发了很多安全隐患。该办法的指导思想是为保证全国攀岩运动竞赛工作质量和竞赛秩序，促进人才合理流动，加强运动员代表资格的管理。综合两次颁布内容可知，国家体育总局登山运动管理中心，是注册运动员资格唯一认证单位，想要参加由中国登山协会主办的各种全国性或区域性攀登比赛（活动），必须在持有注册运动员资格证的前提下提前 20 天向登山运动管理中心申报。另外，该办法对各类违规行为的惩罚也进行了规定。

（三）行业俱乐部管理办法

1.《登山户外运动俱乐部及相关从业机构技术等级标准》

此标准是针对从事登山户外运动的专业机构进行等级评定的标准，共五章，分别从评定的范围、等级标准、评定的程序及管理以及降级取消四个方面进行了规定。该标准对登山户外运动从业机构由低到高划分为 A 级、AA 级、AAA 级三个技术等级，在第五章从业机构的技术等级的管理中规定了四种被降级或取消的情况，任何机构出现相关情况，中国登山协会都有权对其技术等级进行降级或取消。

2.《登山户外运动俱乐部及相关从业机构资质认证标准》

国家体育总局登山运动管理中心制定了此标准，共四章十五条，对国内外各类登山户外机构进行服务、引导、规范及资格认证。第一章从认证的主体、目的、范围、程序；认证俱乐部及相关从业机构的义务权利；认证资格的管理三大部分作出规定，致力于建立国内各登山户外运动俱乐部及相关从业机构的沟通与联系。第二章规定了从业机构需要履行的义务和相对应享受的权利。第三章、第四章则对资质认证的程序以及认证资格的管理进行了相关规定。

第二章 现代户外运动风险识别

第一节 一般风险识别的基本理论与方法

在现代社会中，大到国家社会、企业组织，小到机构个人，都会面临风险，而任何风险都是一个复杂的系统，因其类型不同、性质不同、损失程度不同让人难以应对。因此，必须科学制定完整的风险管理规划，综合使用多种分析方法，去伪存真，对风险发生概率的大小、危害大小、影响范围等进行评估，掌握其危害程度后，才可以采取科学合理的防范应对手段和措施，将损失控制在最小。在一系列的风险管理规划中，风险识别是前提和基础，是实施阶段的先行军、首要环节，只有对实际工作中的具体项目任务进行全面系统的调查分析，用科学的方法识别和衡量各种显性和隐性因素，并对这些风险进行综合归类，预估风险事故发生后可能造成的一切损失和社会连锁反应，以及后期风险应对环节的实施与开展，才能将损失降到最低，获得理想的风险管理效果。如果没有正确识别风险的潜在存在，就无法及时采取应对措施，尤其当风险事件发生后所引起的损失将极大增加，甚至不可承受。

一、风险识别的定义及内涵

风险识别究竟指的是什么呢？石岩认为“风险识别也是一个过程，包括识别风险源、确定风险发生条件、描述风险特征和评价风险影响”；何文炯认为“风险识别就是指对组织所面临的风险进行系统连续的查找，并对事故发生原因进行分析”；肖拥军（2009）认为风险识别由搜集有关风险的因素、事件和损失等信息和寻找、归类影响目标实现的风险因素这两项任务组成；邓铁军认为“风险识别就是认识损失发生的可能性，确认损失的根源、性质、范围以及原因”。综合上述学者的众多观点，将“风险识别”定义为一种识别出组织所面临风险的类别、形成原因及可能影响的动态过程。

二、风险识别的基本特征

在大量查阅学习关于风险识别及整个风险管理的专业书籍和文献后，深入一线对户外运动的实际案例进行研究分析，并结合上述学者的观点得出，风险识别是一项长期复杂的系统工程，人们用各种方法和制度分析工作，其根本目的是更准确地衡量和应对风险。任何风险都与其他风险有不同的地方，没有两个完全一样的风险存在。经过大量的实践与研究，风险识别的特征可以归纳为以下三点。

全程动态性：物质和要素都是不断发展变化的，且因其变化持续存在而显得未知。这种未知必然带来产生风险因素的可能，风险因素会随着时间、空间、环境等改变呈现出动态的变化，即便在其某一阶段被识别，也会随着之后的变化而产生新的风险，所以说风险因素会持续不断地出现在整个事物的生命周期内，贯穿项目的全过程。

全员主观性：人是完成项目任务的主体，风险识别亦是由人来完成的，由于不同个体对最初认识风险的意识角度不同，在风险管理方面的专业知识和技能有所差异，以及个人经历等实践经验的积累也不尽相同，即使同一风险，由不同的人识别的结果也会存在较大的差异。在未知风险面前，个体差异会产生局限性，为确保风险能够及时准确地识别，就需要不同特点的风险管理组织的全体人员共同完成。

信息复杂性：风险识别需要搜集大量错综复杂的资料作为识别的依据，这些信息关系复杂且彼此相互影响，其真实程度、数量、质量对研究、采纳都起到决定性的影响，从而改变风险识别的最终效果。

三、风险识别的内容

综合来看，风险识别都涵盖了预测、连续、系统、方法、分析等内容，因此风险识别的主要内容可概括为以下四个方面。

感知风险，即通过调查和了解客观存在的各种风险，感知风险的存在，是风险识别的基础。

分类风险，从风险源出发，排查可能引发风险事故的因素，判断、归纳现实与潜在的风险性质，鉴别各种风险因素可能引发的风险事故种类。

识别后果，通过感性认识和各种客观资料（如风险事故记录数据等），归纳整理风险损失的规律，从而识别出不同事故类型的后果。

描述伤害，即对可能导致的伤害的事故类型及后果类型进行描述。

四、风险识别的程序

由于风险管理对象多样，既有当前的，也有潜在的，且长期处于动态变化之中，因此想要全面系统地识别风险因素，风险管理者必须从错综复杂的环境中，按一定的步骤和程序，对风险管理对象进行逐一识别与分类。首先，分解风险管理对象。风险具有复杂性，是人、物、环境、行为、事件的综合体，故将风险管理对象分解为若干子系统后分别进行识别，既可以降低识别难度，又可以提高识别的精准度。其次，搜集、筛选风险资料。通过考察、访谈、查阅历史资料和数据的方式，最大范围地搜集风险信息资料，按一定程度将含有潜在风险的产品、过程、事件、现象和人员进行分类筛选。再次，查找风险因素的转化条件。通过检测上述各个分解出的子系统的生成、过程、现象、后果等，根据风险源及风险因素查找出转化为风险事件的外在条件。最后，判断并描述风险损失。对可能发生的风险事件及损失的前兆、整个过程和风险后果进行评价与判断，找出主要原因并进行仔细检查与描述。

五、风险识别的原则

作为风险管理实施的先行军，风险识别需要在极其复杂且没有头绪的工作中开拓性地探索，终极目的就是帮助管理对象主体理解自身面临的风险及可能发生的事件后果，为下一步风险计量和选择合理有效、针对性强的应对策略打好基础。再者，由于风险管理者主观上存在差异，其具备的风险意识和专业知识对风险的洞察力及持有应对风险的态度各不相同，会对风险管理的执行质量造成直接影响，甚至关系到整个风险管理工作的最终效果。因此，为确保风险管理的准确性和时效性，风险管理者在进行基础的风险识别工作时，要遵循完整性、系统性、重要性三个大的原则。笔者将风险识别的原则具体解释为综合系统原则、前瞻考量原则、轻重有别原则三大类，其中综合系统原则是风险识别效果的保证，轻重有别原则是风险识别效率的保证。

（一）综合系统原则

风险管理对象是一个多元素、多变化的复杂系统，在类型、性质、后果、发生概率方面都不尽相同，各具特点，因此为了提升风险管理的效果，就必须正视风险系统的复杂性，使用综合全面的方法进行识别，通过多种方法和技术综合使用，并根据时间维度①和空间维度②全面且系统地强调各要素之间的联系，对整个活动流程进行识别，确保覆盖整个风险管理对象。综合系统原则强调对活动的人、物、环境、管理等要素以及活动流程的各个单元进行全面系统的分析识别，在风险识别过程中，可以有所侧重，但必须兼顾全部。

（二）前瞻考量原则

风险识别是整个风险管理过程的前提，决定后续管理的基本方向和有序进展。风险识别的关键之处就是对各个风险因素进行分析，这种识别不仅是对已知风险的分析，更是具有前瞻性地认识考察风险的变化趋势，应对识别过程中可能发生的新风险，对潜在风险也应有高度的敏感和反应能力，有针对性地进行识别。

（三）轻重有别原则

在常规风险管理活动中，必须考虑全局，以组织的整体目标和利益为服务对象。风险因素数量、种类多且复杂，想要提高风险识别的准确率与效率，需要分清轻重缓急，抓住主要矛盾，优先识别危害尤其是重大危害因素，其次识别对整个风险管理活动中起重大作用或影响的因素。这种主次分明、有侧重点的系统识别方法就是轻重有别原则。遵循这种原则，可以起到四两拨千斤的效果，有利于节约成本，提高风险识别的效率，及时制定风险控制措施，真正实现对风险及其不良影响的控制与管理。

---

① 时间维度：指按照活动进行的各个流程阶段的风险潜伏环境、工作特点等识别风险因素。

② 空间维度：指根据不同的工作内容和工作场景对潜在风险进行辨别和感知。

六、风险识别的方法

由于因素之间复杂的相关性很难被捕捉、被量化，因此风险识别必须采用科学的方法，以避免主观臆断导致过于单一化，常见的技术和方法主要有专家调查法、事故树分析法、现场调查法、检查表法、风险因素预先分析法、情境分析法、工作—风险分解法、流程图法等。下面，对其中最主要的五种方法进行详细的阐述。

（一）专家调查法

风险识别效果归根结底是以人为主体进行的主观分析活动，因此受个人因素的影响较大。之所以采用专家调查法，就是因为要依靠专家的知识经验储备进行判断，使识别活动更科学、系统、客观。专家调查法通常适用于相关因素较复杂、数据较多、现象较无条理的情况。现阶段常用的专家调查法有德尔菲法（Delphi Method）和头脑风暴法两种，其中德尔菲法就是通过专家获取信息，依靠专家的知识和经验对问题做出判断、评估和预测，从而识别风险的方法。具体的调查步骤大致可以分为确定调查人员及对象、确定调查提纲、征集汇总意见、给出综合报告。最终的结果可以经再次讨论反复修改，逐步取得相对一致的结论。由此可见，专家调查法的优点在于当统计师获取信息较少、范围较小时，能征求不同专家群体的意见做出定量评估；缺点则是容易受个人因素的影响，以及想要得到趋于一致的结果，需要多次的讨论研究，在时效上有拖延现象。

（二）事故树分析法

事故树分析法（Accident Tree Analysis,ATA）起源于故障树分析法（Fault Tree Analysis, FTA），是20世纪中叶由美国贝尔电话研究所率先提出的，主要用于分析系统安全问题，是识别系统风险因素的重要方法之一。具体是指从有待分析的特定事故或故障（顶上事件）开始，以各种符号、树状图和相关链接逻辑门表示的可能引起事件的风险识别方法，通常用于那些直接经验较少且具有一定危险性的风险管理对象的识别。事故树分析法基于演绎推理的系统安全，用层层分析的方法，直到找出事故或故障最基本的原因，即不能再继续细分或者这些基本原因已知或已有统计、实验结果为止。

事故树分析法的优点在于通过风险事故所画出的树状图，直观清晰地将风险事故中各要素间的逻辑关系表现出来，而且能够深入地揭示出事故的潜在原因，使风险管理者有效掌握风险事故的发生规律，既可以定性分析，也可以定量分析，针对最小割集分别采取风险预防措施，有助于编制风险检查表和识别系统潜在的风险因素，以及进一步制定全面、有效的风险应对方案。

早在 1974 年美国原子能委员会就发表了著名的《拉姆逊报告》，这是首次对核电站事故进行事故树法分析的经典案例，在当时的社会各界引起了极大反响。事故树分析法在我国得以传播和逐渐普及是在我国改革开放以后，由于它有效保障了企业的安全生产，在当时刚刚“开门迎客”的中国取得了较为丰硕的成果，之后事故树分析法便开始广泛应用于各行业的安全性分析和评价。

（三）现场调查法

现场调查法是风险管理任务中常用的一种简单易行的风险识别方法。由于该方法需要深入具体情境中实际调查研究，可以获得准确、翔实的第一手资料，对研究需求、态度、动机、决策、情绪反映等因素较为实用，有利于风险管理者积累大量的直接经验。该方法的缺点是，由于扎根于现场，人力、时间、精力、经费等成本相对较高，应用范围较窄，不够灵活。

（四）检查表法

检查表法又称核对表法、调查表法或者统计分析表法，是风险识别时用以搜集和整理信息资料的事先设计好的一类实用表格工具。这种常见的风险识别方法是借鉴系统工程的分析思想和理论，查找出风险管理对象的潜在风险源和风险因素，最终将这些全部罗列在表格之上，以供检查核对，最终识别出风险。这种方法最大的优点是可以较容易地识别可能存在的潜在风险，弥补现场调查法的不足，其不足之处是由于缺乏对风险较深入、详细的量化评估，通常只能定性识别风险，检查表格在编制上对专业能力的要求较高，所以整个风险管理中常常与其他风险识别方法共同配合使用，下面就对检查表的编制步骤做简单的描述。

通常一张风险检查表由序号、风险检查项目、判断和备注（与检查项目相关的需要说明或补充的事项）等四栏组成。检查表的编制过程一般分三步：第一步，按照一定标准和规律，尽可能地将风险管理对象划分为细致的不同子系统；第二步，明确风险管理对象及检查目的，跟踪监控整个风险管理的全部过程（例如，检查表中的首列：需求、设计、实现、测试、工作环境、资源限制、管理过程等项目）；第三步，筛选确定风险事故的风险源和风险因素，根据风险因素的高低不同程度，依次列为检查表的基本检查项目，即表格中的第二列——问题清单。

（五）风险因素预先分析法

风险因素预先分析法是指在风险事故发生之前，对系统所在的风险源（包括风险源转化为事故的条件）、风险事故类型、导致事故的后果作预先概略分析的方法。该方法包含的内容较多，范围较广，适用于新开发的系统。最关键之处在于一旦发现风险因素，可立即采取补救措施以避免由于考虑不周而引发的损失。在立即实施补救措施前要对风险因素进行分类、分级汇总，按风险后果从高危险到低危险来采取措施。风险因素预先分析法的优势在于，它是进行危险分析的先导，是一种宏观概略定性分析方法，简单易行且相对经济高效。

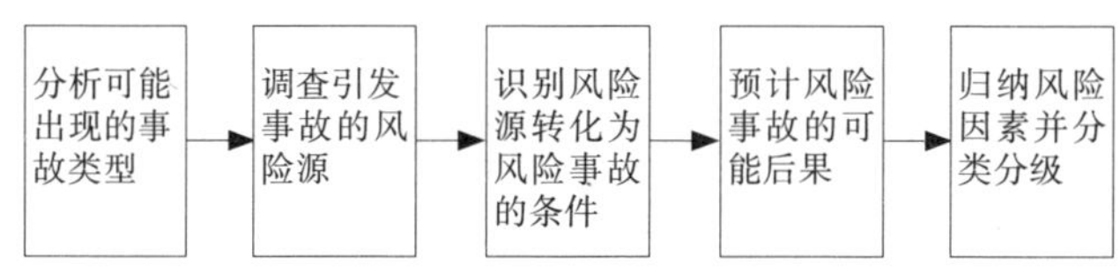

图 2-1　风险因素预先分析法的基本操作步骤

由于风险识别是一个持续变化的过程，许多复杂的和潜在的风险需要很多次的识别才能确认，上述的五种风险识别方法不可能完全揭示风险管理对象所面临的全部风险，也无法揭示导致风险事故的所有因素。这就要求风险管理者必须根据管理对象的实际条件和特征，根据各个方法的适用条件、优缺点和风险案例分析结果，将多种方法综合使用，“一法为主，它法为辅”。

第二节　户外运动事故分类与分析

一、高校户外运动事故分类

高校学生由于年龄特点、文化特征和多元化的受教育经历等因素，对户外运动产生浓厚的兴趣，各种形式的大学生户外运动风靡全球。在高校户外运动实施过程中，潜在风险因素是造成风险事故的潜在原因，是高校学生进行户外运动时造成其人身伤害和财产损失等后果的重要原因。因此，对高校户外运动风险事故进行分类分析，是研究风险问题的首要任务。

（一）常用安全生产事故分类方法

目前，针对高校户外运动风险事故的分类尚无确切的标准，借鉴我国安全生产事故领域的分类方法和标准，下面笔者简要介绍下我国最主要的安全生产事故的分类方法。

（1）按照事故的性质、严重程度、直接经济损失以及影响范围分类：可参考国家施行的《生产安全事故报告和调查处理条例》，该条例将生产安全事故分为特别重大事故（I 级）、重大事故（II 级）、较大事故（III 级）、一般事故（IV）。

（2）按照事故发生的行业和领域分类：可参考《生产安全事故统计报表制度》，该制度将事故分为工矿商贸企业生产安全事故，金属与非金属矿事故，火灾事故，道路、铁路、水上交通运输事故，民航飞行事故，农业机械事故，渔业船舶事故，其他事故等。

（3）按照人员伤亡等个体伤害程度分类：重大人身险肇事故、轻伤事故、重伤事故和死亡事故。

（4）按照事故原因分类：可参考《企业职工伤亡事故分类标准》（GB6441—86），该标准将安全生产事故分为物体打击、车辆伤害、机械伤害、起重伤害、触电、高处坠落、淹溺、中毒、各种爆炸和窒息等。

除此，我国安全生产事故还可以按照事故管理原因、事故起因物、事故致害物、事故人为原因、事故不安全状态、事故伤害部位等多种分类方法进行分类，但通过分析 150 个高校户外运动风险事故的案例发现，主要是人身伤害，绝大多数属于轻微伤、重伤或死亡事故，且少有造成直接财产损失的，所以上述安全生产事故的分类方法不太适合，也不利于分析高校户外运动风险事故以及识别高校户外运动风险，在这里就不再过多介绍和阐述。

（二）本研究运用的方法和高校户外运动事故分类

关于户外运动事故，已有文献多是根据事故直接原因将其分为“迷路、坠崖、滑坠、被困、疾病、毒蛇咬伤、马蜂蜇伤、中暑、失温、山洪暴发、落石、掉进冰裂缝、落水、技术操作失误、雷击等”，这为高校户外运动事故的分类提供了标准和借鉴。

参考已有文献关于一般户外运动事故的分类，并借鉴《企业职工伤亡事故调查分析规则》，从研究高校户外运动事故的实际需求出发，把“事故的人为原因或物的不安全状态”作为分类标准，将高校户外运动风险事故分为以下四大类，并对上文提到的150起高校户外运动风险案例进行了数据统计。

I类事故：由人员因素引发的事故。例如，户外运动的参与者缺乏基本的安全意识和专业的安全知识，组织者缺乏规范的管理方法而引发的事故，包括Ⅰ-1、Ⅰ-2、Ⅰ-3、Ⅰ-4，所占比例为59.33%。

II类事故：由物质因素引发的事故。如事故发生时，救援不及时或根本没有专业的救援团队和救援物资，包括Ⅱ-1、Ⅱ-2、Ⅱ-3、Ⅱ-4、Ⅱ-5，所占比例为14.00%。

III类事故：由环境因素引发的事故。这一类事故具体列举两种，第一种是水域安全事故，指发生在水域范围内的安全事故，最典型的事故就是落水。第二种是山地安全事故，是指发生在山地范围内的安全事故，即在野外扩展等活动中出现的安全事故，如坠崖、滑坠、落石等。包括Ⅲ-1、Ⅲ-2、Ⅲ-3、Ⅲ-4，所占比例为25.33%。

Ⅳ类事故：由其他因素引发的事故，所占比例为1.33%。

上述数据显示，因人为因素而引发的风险事故在半数以上，而这些更多的是由于学生自身防范意识和专业知识不足而引发的（Ⅰ-3类）。可见，我国的高校户外运动的开展尚处于宣传和培训力度不足的初级阶段，任重而道远。另外，从组织者的责任义务角度分析，高校户外类的社团和俱乐部的兴起，要求负责人必须具备专业的能力和合理合法的组织授权，这在目前的高校户外运动中，也是非常薄弱的。此类因素引发的风险事故虽绝对数量不多，但它已成为造成户外社团活动风险事故的主要因素之一。虽然这150个案例数量不多、涉及的方面也不全面、事故的分布存在些许偏差，但在一定程度上能够代表高校户外运动事故的分布情况。但在高校户外运动风险管理中，对I类事故（Ⅰ-3类）都应该给予重点关注，对因人为因素引起的风险事故的风险防范、风险减缓等都要给予高度重视。

二、高校户外运动风险事故分析——以事故树方法为例

在对以上150个高校户外运动风险事故案例进行分析时，采用的是多种分析方法相结合的手段：专家调查法收集全面客观的一手资料，再加上专家丰富专业的知识，利用事故树法综合分析得到高校户外运动风险的各种因素，为

后续的检查表格的编制提供基本项目和数据。下面将重点阐述如何利用事故树法[①]对高校户外运动风险事故进行分析。

（一）事故树名词术语和符号

在常用的风险识别中，事故树最主要的有三种符号，即事件符号、逻辑门符号及为避免重复和便于连接而专门设置的转移符号。事件符号泛指所有可能出现的“事件”，逻辑门符号则是指事件之间存在的各种逻辑关系。下面对这两种符号的详细介绍如表 2–1、表 2–2 所示。

表 2–1　事件符号表

符号名称	代表事件	包含内容	事故树位置	逻辑门位置
符号 a	由其他事件或事件组合所导致的结果事件	顶事件，通常指最不期望发生的风险事件	位于事故树顶端	位于逻辑门的输出端
		中间事件	位于顶事件和底事件之间的结果事件	既是某个逻辑门的输出事件，又是另一个逻辑门的输入事件
符号 b	事故树分析中无须再继续向下探明其发生原因的基本原因事件		位于事故树的底端，所以又叫底事件	逻辑门的输入端
符号 c	暂时不必要或者因条件局限不能探明其原因的原因事件	通常来自系统之外		
符号 d	在系统正常条件下发生的一种特殊事件	正常事件		

① 本研究使用的各种事故树符号均依照我国 1985 年颁布的国家统一标准《故障树名词术语和符号》绘制。

表 2-2　逻辑门符号表

符号名称	代　表	代表含义
符号 e	表示与门	仅当所有输入事件 Xi……Xn 都发生时，输出事件 T 才会发生，反之，只要输入事件 Xi……Xn 中有一个不发生，T 就不会发生
符号 f	表示或门	只要输入事件 Xi……Xn 中有一个发生时，输出事件 T 就会发生，反之，只有输入事件 Xi……Xn 都不发生，输出事件 T 才不会发生

在与门结构图，或门结构图中，线段向下连接代表“输入”，表示事件发生的“原因”，线段向上连接代表“输出”，表示事件发生的“结果”，即事件 T 是事件 Xi……Xn 的结果，事件 Xi……Xn 是事件 T 的原因。

（二）事故树的定性分析与定量分析

事故树分析方法的选择并非固定单一的，风险管理者可从对象系统的性质、目的和分析的程序入手，根据自己的实际需求和要求，选择采用不同的分析方法。最主要的分析方法是定性分析与定量分析。

事故树的定量分析是指在基本事件发生概率（单元故障概率和人的失误概率）超过预定的目标值时，运用状态枚举法、平均近似法、直接分布算法、独立事件近似法、代数积（和）代替概率积（和）、最小割集逼近法、最小径集逼近法等方法，选择降低事故发生概率的途径，通过重要度分析，确定突破口，制定最优方案，加强控制，防止事故的发生。选取何种计算方法，主要取决于事故树的规模大小、事故树是否含有重复或相同的基本事件、各基本事件是否相互独立等因素。

事故树定性分析是风险管理常用的分析方法，它根据事故树结构进行简化，找出基本事件或基本事件组合与顶事件之间的相互关系和影响，规定基本事件出现为“1”，不出现为“0”，求出最小割集和最小径集，确定各基本事件的结构重要度的排序，形成较大数量的风险因素库，有利于揭示特定项目风险事故发生的内在规律和识别风险因素，供风险管理者编制检查表，发现系统的薄弱环节并采取相应的预防保护措施。此法适用于剖析由基本事件（初始安全或正常状态）发展到顶事件（故障状态）的逻辑原因。本研究主要运用事故树的定性分析方法，对高校户外运动风险事故案例进行逐一分析，查找造成高校户外运动各种事故的各种原因，直到发掘出引起顶事件发生的基本事件，为下一步编制高校户外运动风险检查表提供参考。

第三节 户外运动风险的识别与分析

一、高校户外运动风险系统及其结构

风险管理的内容包括风险识别、风险分析与评估、管理手段三部分，本节将重点介绍风险识别与风险分析的主要内容。高校户外运动人身安全风险的直接表现是人身伤害伤亡事故，识别高校户外运动风险，首先要了解风险源和风险因素。风险源是导致风险因素存在和风险事故发生的根源，由不安全状态、不安全行为和不合理判断组成；风险因素则由众多复杂要素构成。事故通常是在忽视风险源或对风险源控制不力、控制危险情势不及时等情况下发生的。

高校户外运动中，风险系统中的风险源交叉影响，风险因素互相作用，在风险管理活动实施中，风险因素也不可避免地与外界相互接触影响。管理措施合理得当，就能发挥“1+1>2”的整体功能，从而提升高校户外运动活动实施的效率与效果，提升整个风险管理的质量；相反，如果风险系统中的各种要素之间产生冲突与矛盾时无法合理干预，采取了错误的风险应对策略，就极有可能引发重大风险事故。

二、高校户外运动风险源分类

高校户外运动风险识别与分析，第一步需要完成的工作就是归纳分析高校户外运动风险源的种类，这可以为后续全面识别风险因素提供基本框架。

识别高校户外运动风险源，首先要了解风险产生的机理，笔者分析所搜集的 150 件高校户外运动伤害事故案例，在借鉴先进理念和各学科专家意见建议的基础上，将风险源划分为三类，即不安全行为、不安全状态、不合理判断。在高校户外运动中，不合理的进程、缺乏有效的保护措施和监控等均属于不安全行为范畴。例如，教师搭建保护站技术动作方法错误、教师不能较好地维持户外运动教学秩序、学生的技术动作有误、教师或管理者对高校户外运动团队疏于管理或安全教育不力等由人引起的行为。由外界物质和自然环境因素引发的事故则属于不安全状态类风险源引起的事故，如不穿戴保护设备或穿戴错误、绳索被岩石划破、铁锁坠地出现裂缝、上升器故障、安全带扁带等撕裂、野外地形陡峭引发的高空坠落，户外徒步线路上因滚石引发的击打损伤等。不合理判断类风险源引发的事故则是指由于身体和心理的因素引发的事故，如压力、疲劳、应变能力弱、错误判断以及忽视某些苗头等。

三、高校户外运动风险因素的识别与分析

风险由风险因素、风险事件、风险后果构成，本研究从风险源出发对高校户外运动风险因素进行识别与分析，为风险识别提供了基础条件。在确定了高校户外运动风险源之后，还需对来自这些风险源的风险因素进行具体分类研究，最终确定项目中是否存在发生某一风险事故的可能性。在分析总结以往经验教训和数据资料的基础上，结合风险源种类，运动科学系统的方法全面分析高校户外运动的各种风险因素。分析风险因素不能浅尝辄止，要深挖问题根源，细化所得的要素，因为这些要素是高校户外运动潜在风险因素所依托的载体，即高校户外运动风险因素由这些具体要素产生。户外运动风险内部会客观存在数量不一的风险因素，这些风险因素之间相互影响，并在一定程度上呈现相关性，由此导致风险因素的动态变化，如某户外运动参与者自身技术技能过硬，可能会导致他在思想方面有所松懈等。

关于户外运动风险因素的分类，无论是兴起地的欧美国家，还是国内较早关注户外运动安全问题的专家，分类的标准大同小异，基本分为工作人员及参与者、交通环境条件、活动装备三个大的方向。本研究在此基础上，通过查阅国内外户外运动相关的风险管理书籍和专业文献，对实践中所获得的信息资料进行分类汇总，扩大研究的范围，增设具体的内容，将户外运动的风险因素基本划分为四大类十五小类：人员因素（如教师、社团负责人、学生等），包括身体状况、经验、技术、心理沟通交流等方面；物质因素，户外运动场地设施、户外运动器材装备、食物、水源、动植物等；环境因素，主要指地形和天气气候因素，还有户外运动特有的基本路线、制度管理等；管理因素，主要指风险预警与救援体系。在评估环境因素时，应考虑活动内容、地点和天气等因素对户外运动产生的影响。需要注意的是，以上风险因素之间是相互关联的，非孤立存在，很多由风险因素所引起的风险事故都是因为多个风险因素叠加或产生

连锁反应，从而导致风险的级别呈几何倍数放大。在一般的高校户外运动活动中，教师及活动的组织管理者根据自己多年来的一线管理经验就可以将活动存在的常见风险识别出来，但随着社会的发展与进步，户外运动在大学生中逐步普及，构成户外运动的风险因素始终处于不断变化中，如户外线路随着城市公路建设和整体规划的改变，大学生学习任务、就业规划以及个人情感等的改变等因素，造成教师及活动的组织管理者每次高校户外运动都会面临许多新的未知风险，识别难度日益增加。这对风险管理者提出更高更专业的要求，接下来我们就对具体的风险因素进行解释说明。

（一）人员因素

学生群体、社会组织、教师分别作为高校户外运动的参与者、组织者、指导者，与户外运动安全息息相关。加之一些户外运动会在特定场馆（攀岩馆、拓展训练基地等）和野外环境中进行，一定会与校外的工作人员（场馆工作人员、景区管理人员、专业山地司机等）产生联系。除此之外，在一些特定运动中，还会涉及相关的特定职能人群，如助教、教练、向导、协调保障人员等，以上人员因素的相互交织与叠加会对户外运动的安全与风险造成影响。综上分析各类高校户外运动的人员构成，笔者将户外运动风险的直接或间接参与人员分为以下三大类：教师、社团负责人、学生。在户外运动中的相关人员因素分为身体状况、心理状况、经验阅历、协作沟通和自身技能等方面。

1. 教师相关因素

教师作为教育者，在学校素质教育中，通过课程教学的内容，向学生进行知识和品德的教育；教师作为教学活动的组织者，通过各类比赛和活动项目，为学生带来精神上的满足与情感上的愉悦。可见，教师是影响教学质量和效果最重要的变量之一。任何一类高校户外运动都可以激发学生锻炼身体与发展才能的积极性，这一过程一定离不开高校户外运动教师的引导。实践证明，教师是高校户外运动管理执行中的核心人物，承担着类似于甚至比户外运动领队更多的职责，其领导协调能力、技术能力、经验以及对风险的判断和决策能力在风险管理和险情应对中起着关键作用。因此，笔者将从上述方面展开对教师相关风险因素的分析。

（1）教师的专业知识技能、教学能力和经验。教师是否具备丰富的知识储备和高超的能力水平决定了其在教学活动中能否发挥重要的导向和组织作用。教师的户外运动相关知识技能掌握得越多、户外运动教学方法的选择越灵活多样（流利的讲解、优美的示范、不同形式的练习等），教学行为的效果就越明显。同时，户外运动属于高风险运动项目，教师教学行为的实施对风险后果的影响显得举足轻重。

（2）教师户外运动风险知识、观念和应对能力。增加高校户外运动教师的风险知识、加强风险观念和提高应对能力是加强高校户外运动风险管理至关重要的前期工作。我国高校开展的户外运动类教学基本上以实践教学为主，不同的教师基于个人的户外运动风险知识、风险观念和风险应对能力的差异，会对各种潜在风险发生的可能性、后果的严重性等产生不同的认识，进而采取截然不同的风险处理态度和风险应对措施决策，最终影响风险管理的效果。由于户外运动具有较强的实践性，对动作技能的要求较高，因此教师必须在开展户外运动课程中传授学生必要的运动技能、自我保护技巧，以及应对突发事件的能力。然而，现状是我国户外运动课程开设时间较短，专业课程教师配备不完善，整体的师资队伍较弱，技能水平不高，所以由于教师的知识、技能、经验不足而引发安全事故的潜在可能性，也日益被行业及参与者所重视。

大学生参与的户外运动在一定的风险环境中进行，因此大学生对体验的重视程度日益提高，这就涉及教师对风险的认识和平衡问题，教师作为整个高校户外运动管理者不仅要管理风险，还要管理“体验”，便于科学全面地识别、评估具体高校户外运动中的所有风险因素。

（3）教师户外运动教学态度方面。“态度决定一切”这句话适用于任何领域。同样，如果教师的态度积极、认真、负责、严谨，就一定会对教学起到积极的作用。负责任的教师会加强学生自我价值实现和责任意识教育，鼓励学生通过个人努力完成挑战项目。在挑战过程中，学生可以更好地了解自己，促进潜能激发和个人成长，从而获得成就感与认同感，激发自己的创造力。相反，如果在户外运动教学中，教师态度消极、懒散、敷衍，对教学也有一定程度的消极影响，使学生在不知不觉中忽视潜在的风险，从而造成风险事故的发生。通过访谈多位教龄在 25 年以上的户外运动教师，并结合自己 10 余年的户外运动教学经历发现，不同的教师因个人职业素养、性格等方面的差异而表现出责任感、爱心、敬业精神等的差异。积极的教学态度是一名高校户外运动教师应该具备的最基本的素质。为了凸显教学态度的重要性，通过征求从业专家学者的有关意见，最终选择使用“教师户外运动风险知识、观念和应对能力”作为衡量高校户外运动教师对待风险的态度、行为以及他们是否具备处理高校户外运动风险的能力的标准。

2. 社团负责人相关因素

据不完全统计，我国超过 100 所高校拥有校内的户外运动社团，它们会不定时地组织小范围的拓展训练，如登山、探险、徒步等户外运动；它们还会在特殊时期，如利用小长假、黄金周或寒暑假等时间较为充足的时期进行形式更多元化的户外活动。各高校社团的活跃表现成为在校大学生参加体验户外活动的直接原因。成立高校社团一定离不开专业的教师，他们在社团初期的成立和建设、后期的发展壮大等各个阶段提供了宝贵的建议和指导。由于户外运动多处于较为原始的自然环境中，条件相对比较艰苦，没有专业的教师随行，社团负责人的重要作用就突出表现出来了。负责人需要对活动的组织、过程的实施、风险的管控等各方面进行专业合理的规划。但现实情况中，绝大多数社团负责人自身也是户外运动的非专业爱好者，缺乏专业知识和技术要领，普遍不具备运筹帷幄、统领全局、应对风险的能力，导致最终后果便是不能独当一面，活动无法正常进行。这些无形之中对户外运动的开展埋下了隐患，也成为造成户外运动风险或伤害的因素。在这里需要补充说明的是，高校社团负责人还需要协助教师从社团管理、活动组织与实施、知识技能的学习实践、安全教育等方面为参与者提供详细而系统的指导，这也是避免伤害需要做的工作和努力。综上所述，笔者通过分析众多案例，与参与人员进行沟通，单独把社团负责人作为能够影响高校户外运动安全因素的特定群体，进行阐述说明。

3. 学生相关因素

学生是学校教学活动的参与主体，因此成为高校户外运动风险系统中人员因素里仅次于教师的一类重要因素。根据 150 个案例分析，学生对户外运动具有一定的认识且持有积极认同的态度，学生除了积极参与高校或社团组织的户外活动外，还会在教师的监管、引导与教育下，自发组织户外运动。但由于当下学生自身身体素质较差，相关的运动技能比较低下，又缺乏相应的户外运动专业培训，150 个事故案例中的 50% 的风险事故是由学生自身的原因所导致的。由此可见，分析高校户外运动风险事故的因素，应该首先关注学生群体的风险因素情况。参与户外运动的大学生群体因为年龄、性格、兴趣、参与次数等方面存在区别，对户外运动知识技能和风险知识技能的掌握、户外运动经验的积累、户外运动风险观念、生理心理、纪律意识等诸多方面均有较大差异，这使整个户外运动的风险管理更为复杂和困难，从而引发风险运动事故。将这些方面归纳概括为以下三个小类。

（1）学生户外运动知识、技能与经验方面。大学生在校内参加的体育运动与户外运动区别较大，这就需要大学生具备一定的户外运动常识和技能，以避免发生磕伤、擦伤、挫伤等。户外运动本身所开展的环境、风险以及发生风险造成的后果都与传统体育相差甚远，这就更需要作为参与者的大学生能够熟练地掌握户外运动的知识和技能，对相关知识的掌握程度越高，户外运动风险事故发生的概率就会越低。反之，风险则会大幅度增加，甚至会因为缺乏相关知识造成操作上的失误，再加上心态失衡而对事态的进展判断失误，导致严重的伤亡事故。学生应具备一定的户外运动常识和技能，即使是屈指可数的常识和技能，也会对降低户外运动风险起到积极的作用。

（2）学生户外运动安全意识与掌握的户外运动知识、技能与经验同样重要。初生牛犊不怕虎，学生因为经验不足而无法识别户外环境中暗藏的风险，因为缺乏自我保护和救援的相关知识技能而无法应对突发事件，还会因为盲目自信而陷入酷爱冒险的怪圈等，以上通常会引发触目惊心的惨痛的户外运动事故。从导致风险事故的负面影响来看，户外运动相关知识技能的欠缺和安全意识的缺乏所带来的影响具有直接性。笔者收集的案例中，多起迷路事故的发生原因就是学生相关知识技能缺乏与意识淡薄、安全意识淡薄。

（3）学生生理和心理因素方面。由于户外运动开展的场地相对特殊，往往是在极端严酷的自然环境中，如高崖、低谷、密林、荒漠、雪山等，这对学生生理和心理上提出了更严苛的要求，参与者在具备过硬的身体素质的前提下，还必须具有强大的内心，因为心理因素同样存在引发高校户外运动风险事故的可能。

（二）物质因素

高校户外运动对场地的要求有一定的局限性，器材装备也有自身的特殊性，这些是开展这项运动的必要条件。这与大众的体育运动相类似。另外，由于高校户外运动参与者需要较长时间在野外生活，必然会涉及食物、水源、动植物、通信等因素。正常情况下，这些对活动的所有参与者的人身安全和心理承受能力都会带来很大的挑战。为了便于分类分析，笔者将其全部列入物质因素这一大类。

1. 户外运动场地设施方面

根据前文对高校户外运动的定义，在高校开展户外活动，如攀岩、拓展等项目存在一定的危险性，很有可能引发安全事故。例如，场地设施不够完善、监管力度不够、使用方法不当、线路设置欠合理、配套设施不齐全等，都极有可能引发高校户外运动风险事故。

2. 户外运动器材装备方面

户外运动器材装备在户外运动中起着至关重要的作用。首先它能帮助参与者完成活动，还可以保护参与人员的人身安全，但特定情况下可能会影响活动的圆满完成，甚至会对参与者的生命安全构成威胁。笔者通过对案例的分析，发现造成上述情况的原因有器材装备的出厂质量和性能不达标、供给数量不符合实际、使用人员的操作不当等。虽然因为器材装备引发的事故不多见，但也充分表明高校师生对运动户外运动器材装备的安全防范意识不够，之前的安全事故没有引起参与者的重视。因此，不可忽视户外运动专用器材装备造成的严重伤害伤亡事故的可能性。

3. 食物方面

通过对安全事故案例的搜集整理发现，因食物及相关物质引发的高校户外运动风险事故鲜有发生，仅个别学生误食野果、野菜导致轻微食物中毒，且均未对人身和安全造成严重伤害，但若因此类因素引起师生身体不适、活动实施不顺等连锁不良反应，就会存在引发其他事故的可能性。

4. 水源方面

与食物因素相似，水源风险因素造成高校户外运动风险事故的案例也极少，值得强调并引起重视的是因饮水不当而导致的缺水或宿营地与水源位置分布不合理导致饮水困难等微小事故的发生，以防引发连锁事故。

5. 动植物方面

动植物因素直接造成的高校户外运动风险事故多为动物蜇伤咬伤、植物划伤割伤、动植物过敏等，除此还存在动植物破坏器材装备、影响线路、污染食物水源等间接引发的风险事故。

（三）环境因素

高校户外运动除了与人员、物质两种核心因素外，环境因素会更加直接地影响大学生关于户外运动的选择。在组织户外运动前，必须对现实中的大自然进行充分的了解，因为自然环境的不可控和无法预测突发天气状况引发的事故时有发生。户外运动必须本着对自己和团队生命安全负责的态度，选择适宜的天气进行户外运动。另外，管理制约环境的制度因素也对高校户外运动的安全实施起到保障作用。下面将环境因素划分为四个方面，分别进行阐述。

1. 基地线路相关因素

户外运动线路之所以被归纳为环境因素，是因为任何户外运动在设计组织开展之前必须设计详细的行进路线，只有在顺应自然规律和气候特点的前提下方可安全地领略自然风光和挑战自我。尤其是登高攀岩、涉水漂流、徒步宿营等高度依赖环境的野外拓展类项目，在设计路线时需在不可抗拒的自然因素的基础上进行设计，以保证整个活动全程可控可检测。如果设计的路线被动植物等因素干扰，途经人口较为密集的地区、政治军事禁入区、过于偏僻的未知区域，很容易出现风险，从而引发事故。最好的基地路线不一定是最冒险的，也不一定是最优美的，但应该是已经排除落物、雷电、山洪等危险因素的安全路线。高校户外运动的基地路线，还需要增设明确的教学目标和任务，这样参与者根据自身的条件和特点，选择最适合自己的户外运动，实现学习的目标和任务。

2. 地形地貌相关因素

户外运动与常规运动的本质区别在于场地，这决定了户外运动与生俱来的探险性和体验性。作为体育运动项目，户外运动比其他任何运动都依赖自然环境。因此，在高校开展户外运动中的所有野外环境项目都会因地形、地貌的改变而具有危险性，而所有的未知的不可控风险会给参与者的人身安全带来威胁。

3. 气象条件相关因素

通常情况下的气象条件是指可以通过卫星技术预报的环境因素，这些气象因素在当下的科技水平下，已经可以被人类所预知和把控，只有极少数才能对人类造成灾难性的破坏。但高校户外运动中的气象因素则多指野外环境中可能对户外运动参与者的人身安全造成危害的特有因素，主要表现为：①开展高校户外运动的过程中参与者可能遭遇的无法躲避的极端或恶劣天气条件；②开展户外运动的场地部分区域可能遭遇难以预测的极端恶劣的天气；③野外环境中存在隐性的气候“小变化”引起地形地貌“大变化”的可能性。这会给高校户外运动的实施造成不可预估的极大影响。

4. 制度管理相关因素

为了与上述自然环境因素进行明确的区分，笔者选择采用“制度管理相关因素”这一名词来概括描述制度管理方面的风险因素。这一类因素因高校户外运动具有明显的组织边界，而表现为高校相关制度建设的不足（高校户外安全教育、高校风险管理范畴）、管理措施的缺位和民间组织活动的不规范（社团监管、学生自发活动监管范畴）、俱乐部管理和救援体系不完善等人为因素。另外，因高校户外运动在校园外的社会空间、自然区域开展，制度管理因素也包括户外运动目的地、社会公共服务等方面的因素。

需要注意的是，在评估环境因素时，要综合考虑到静态与动态之间的互换，考虑活动地点的特殊性以及当下季节气候的显著特点。只有全局思考，才能使高校户外运动的风险评估工作更具有实效性。

（四）其他因素

影响高校户外运动的因素除了以上三种核心因素外，还包括一些不发挥主要或决定性作用和影响，却不能被忽视的其他因素，这些因素多是以辅助支持的角色出现在整个运动活动中。例如，教师个人的道德品质问题、户外运动课程的教师配备数量与岗位分配问题等；学生因为年轻和有限的生活阅历，常常出现思想上的麻痹和松懈，产生“户外运动就是出去野外玩耍”的错误认识，贸然出行、擅自行动，而这些危险举动正是户外运动活动中需要高度警戒的高危行为。还有活动现场秩序的维护者、医护人员及急救药品和医疗器械、活动志愿者、活动的赞助商、宣传媒体等；某些偏远活动地点，为保证交通通达度，选择必要的交通工具，尤其是高海拔地区和原始森林地区、为保护当地的生态环境和动植物的行为准则和人员等。这些因素在某些特殊情况下也可能导致或引发整个户外运动风险事故，对高校户外运动活动的安全实施造成一定程度威胁。在这里，特别注意文化差异这一因素对户外运动的影响。不同民族之间存在的文化差异对户外运动的影响值得被关注，主要是指各自民族自己的风俗习惯，主要包括各种宗教信仰和生活上的禁忌。我们要尊重其信仰和禁忌，以免因为文化差异而产生风险。在远离城市的野外环境中，这些不容易被人重视的因素一旦出现问题，势必会影响到户外运动的安全顺利进行，在一定程度上有引发户外运动安全风险事故的潜在可能。

四、高校户外运动风险检查表的编制与运用

前文阐述的几种风险识别方法并不是每一种都适用于高校户外运动风险的识别。现如今，高校户外运动活动日益复杂，暗藏的未知风险不易被识别，仅靠单一的识别方法可能不能全面识别风险，因此笔者结合高校户外运动风险管理工作实际和研究需要，借助风险检查表这一科学方法加以识别，以确保良好的识别效果。

（一）风险检查表运用于高校户外运动风险识别的优缺点分析

高校户外运动因涉及众多的风险因素而使整个系统变得异常庞大复杂，加之风险管理者往往认为只要“存在”风险因素就有引发风险事故的可能。因此，

风险管理者在编制检查表时考虑较为全面，尽最大可能将所有因素及可能引发的风险事故全部罗列出来。这种“高大全”的风险识别分析方法可能使风险管理者更加高效集中地识别所有的风险，常见的、已知的、未知的以及预知的风险全部包括在内。

运用风险检查表法对高校户外运动进行风险识别与分析有如下几点优势。

（1）可以有效降低高校户外运动风险管理的费用成本，投入产出比较高。安全检查表可以做到系统科学地识别风险，不漏掉任何可能导致事故发生的风险因素。高校户外运动风险的管理工作在注重实效的前提下，必须兼顾成本。例如，现阶段的高校户外运动以专业课程、学校活动、赛事和社团活动的形式为主，由高校体育部门的工作管理者和社团负责人牵头组织，经费往往有限，而运用运动风险检查表法可以最大限度地节约费用成本，完成风险管理的任务。当然，并非所有针对高校开展的户外运动活动都受到财力因素的限制，例如由行政部门和学校共同组织的较大型的交流活动，如中国登山协会主办的中、日、韩三国大学生登山交流活动，海峡两岸青少年登山交流活动，“希望之星”攀岩比赛等活动有较充足的专门经费；另外，具有纪念意义和科考性质的活动，如中国地质大学纪念建校的周年珠峰攀登活动“7+2”登山科考活动等，也会享受专项的拨款和经费。

（2）操作简便易行，得出正确评估相对容易，符合我国现阶段高校户外运动的实际情况，为安全预测和决策提供坚实的基础。高校户外运动活动中人员紧缺，一人身兼数职的现象普遍存在，高校体育部门的安全工作管理者，如专职老师、社团导师、社团负责人等往往同时负责对安全风险评估的监督工作。这一现状不仅会因为超负荷的工作量降低了风险管理的质量，还会因为这些非专业管理者缺乏风险管理知识和技术等，直接影响风险评估的精准度。因为风险检查表法是建立在原有的检查基础和系统之上的定性分析，并根据现有的规范和标准、已有的经验和教训进行检查，有助于高校户外运动风险管理者减少工作量，得出更正确的评估，所以选择表格检查法这一简单、实用且易于操作的风险管理方法不失为一种良策。

（3）内容随机性强，可灵活增减并易于修改。因为高校户外运动的风险管理构成因素较多，变化和更新具有随时随机性，无论是活动参与人、具体的户外活动项目，还是周边环境的变化与更新，都会使整个风险管理产生新的变动。例如，科技的不断发展创新促使户外运动器材装备不断升级更新，这些新式的器材装备在使用中有可能带来新的风险会给风险管理者带来新的挑战。风险检查表具有便于增加或减少内容、容易修改的优点，可以清晰地传递信息，内容还可以随时根据实际工作的需要进行调整，注明改进措施，间隔一段时间后重新检查改进的效果，这就解决了原有风险检查表内容陈旧过时导致新的风险难以被识别的问题。在风险管理实践中，高校户外运动风险管理者只需要根据工作实际，对风险检查表的内容做相应的增加、删减等修改，修改后的风险检查表就能具有最佳的检验效果。

（4）与高校户外运动风险识别过程的动态性高度契合，可以跟踪监测风险管理的整个过程。高校户外运动的人、物、环境等一切风险源都处于不断的动态变化之中，其风险识别也是一个从事前、事中到事后持续跟踪监控的动态过程。通过多轮次循环往复的风险检查，可以不断合并、增减和修改风险检查的项目内容（上文阐述的优点），最终建立一个持续有效的完整的高校户外运动风险跟踪监测体系，以便风险管理者系统、快捷、有效地核查潜在风险。

运用风险检查表法对高校户外运动进行风险识别与分析也存在不足之处，主要体现在如下几点。

首先，风险检查表法的编制相对困难且工作量大。要通过案例事故树分析、文献检索、专家访谈等多种方式汇总风险因素并进行归类，要求风险检查项目完整、描述规范，然后根据风险因素类型依次确定风险检查项目。这就增加了风险检查表法的复杂程度和难度。其次，风险因素多样复杂，仅基于个人经验的主观定性分析无法确定各因素分别对事物影响作用的大小，风险检查表法由于只能对已经存在的对象进行评估，而且只能做定性评价，而不能做定量评价，评价方式过于单一。

现阶段，我国的高校户外运动风险管理中，风险的检查环节往往被刻意忽略，或基本靠经验来完成风险检查，大都没有建立专业的持续检查的体系和基本参考框架。长远来看，如果在高校普及推广风险检查表法以全面、持续、有效地排查户外运动安全隐患，将在一定程度上大大提高高校户外运动风险识别效率，增强风险识别效果从根本上减少风险发生概率，但在运用检查表识别高校户外运动风险时要全面谨慎。第一，检查表法是用假设引导我们思考，从常识性的固定观念中解放出来，应用联想的方法来制定，从而作为识别高校户外运动风险的参考依据，因此务求全面、规范；第二，由于检查表法属于定性分析方法，当思路不通时，可以通过此方法提示、拓展思路。编制风险检查表需要借鉴专家的知识和经验、真实的案例资料，综合运用经验法、头脑风暴法、事故树分析法等多种分析方法，汇总归纳风险因素以最终形成风险检查项目。

（二）《高校户外运动风险检查表》编制程序及方法

如上所述，风险识别评价检查表的绘制是一个较为复杂且困难的过程，所以整个绘制过程必须在谨慎决定检查目的、检查频率、检查人员之后，再确定表格的格式、记录符号及方式。本研究编制了《高校户外运动风险检查表》以供高校户外运动的管理者、教师以及高校户外社团负责人在户外运动活动中使用，对户外运动活动要素逐一对照识别，可以全面、快捷、有效地识别出高校户外运动活动面临的诸多潜在风险，以便加强事前的预防准备工作，选择更有针对性和实效性的应对策略，最终降低高校户外运动中风险事故的发生概率。下面对《高校户外运动风险检查表》的编制步骤进行简要描述。

查阅文献资料和搜集高校户外运动风险事故案例。查阅检索专业文献资料主要通过图书馆（国家图书馆、首都师范大学图书馆、北京体育大学图书馆、中国地质大学图书馆以及地方各高校图书馆等）借阅、互联网（中国期刊网、龙源期刊网、万方、百度学术等学术资源平台）检索、政府报告（国家体育总局登山运动管理中心公布的年度《中国大陆登山户外运动事故报告书》等）查询三种途径。在高校内互联网检索的形式最高效最普及，研究者利用互联网进行关键字检索搜集文献资料，如搜索关键字“现代户外运动风险”“高校户外运动安全”“常见户外运动风险事故”“大学生户外运动安全预防”等进行文献资料的搜集查阅。此外，还可以对高校或行业管理部门的运动专家、学者、体育运动医务工作者进行问卷调查。这种方法在搜集信息的时候，调查问卷的设计是至关重要的，高校户外运动的调查问卷应该包含高校体育、风险识别与分析、户外运动的安全预防等内容。

将搜集整理来的文献和经典案例进行综合分析，将风险因素进行归类整理，参考专家建议，最终形成《高校户外运动风险检查表》初稿。

为确保《高校户外运动风险检查表》全面有效，在初稿完成后还需要经过专家的审阅修改。本研究先后请两位具有丰富户外运动教学与组织经验的专家教授、一位经验丰富的医生、一位专业风险管理从业者和一位保险业从业人员对初稿进行逐项检阅、审查，补充初稿中未列出的风险因素，最后形成《高校户外运动风险检查表》。

第四节 高校户外运动风险评估

众所周知，任何行业任何领域都必然存在形式各异的风险，有发生各种风险事件的可能。无论是显性还是隐性的风险因素，虽然其引发的风险事故的概率、损失范围和程度不同，但均是客观存在的。因此，根据项目风险的特点，对已经识别出的风险进行评估是至关重要的。风险评估的主要内容是通过科学的方法测量潜在风险事故发生的概率和风险事故发生后果的严重程度，根本任务是针对不同的风险制定出相应的对策，选择风险控制方案，以达到规避、减缓或转移风险的最终目的。

一、一般风险评估的基本理论与方法

（一）风险评估概述

风险评估在目前的学术界尚无统一的定义。例如马丽华、周灿认为，风险评估是对识别出的某特定风险的性质、发生可能性以及可能造成的损失进行估算和测量；刘钧（2008）认为，风险评估的本质就是运用概率论和数理统计的方法估计某一或者某几个特定风险事故发生的概率和损失程度，他还强调风险衡量应以分析以往损失资料为基础，风险评估结果是选择风险管理技术的依据；陈全认为，风险评价是对潜在风险进行评估，对现有控制措施综合考虑，确定潜在风险是否可以接受的过程。结合本题的研究对象，笔者将学术界各家观点汇总后，将风险评估视为一种风险衡量或量化，其基本含义包括以下几个方面。首先是对象。风险评估的评估对象是某一个或某几个特定的风险事故。其次是前提条件。风险评估的前提是分析以往风险损失资料并识别风险，必须以翔实、充分、有效的高校户外运动风险事故统计数据为前提和基础。再次是方法。风险评估应是一种定量化分析，主要采用概率论和数理统计方法来测算概率和损失程度。最后是目的。风险评估的目的是为风险管理者选择风险管理技术和风险应对策略提供科学依据。

（二）风险评估的基本方法

本研究的主要目的是为高校户外运动所有研究者和参与者提供各类风险管理的分析评估数据，如由风险因素引发风险事故的概率（及排序）以及各类户外运动风险事故发生后的后果程度，为他们的教学、训练、研究等实际工作提供指导和借鉴。目前，风险评估的常用方法有层次分析法（AHP）、模糊数学法、蒙特卡罗法（Monte-Carlo）、计划评审技术（PERT）、列表排序法、矩阵分析法等。由于高校户外运动的特性，上述任何一种通用评估方法都无法全面衡量、估算、量化高校户外运动的风险，所以在比较分析的基础上综合采用帕累托分析法、层次分析法、列表排序法和矩阵图法相结合，对高校户外运动风险进行综合评估，以尽可能确保研究结果的科学性。在风险评估时以帕累托分析法为主，其他分析法作为帕累托分析法的补充：帕累托分析法基于事实案例进行分析，分析结果具有客观性，用于风险因素引发风险事故的可能性的评估和对所有风险因素的主次排序和分析，以明确各风险因素条目的重要性程度；层次分析法基于系统分析，用于对人员、物质、环境及其他方面等四个大类风险因素，以及各大类下属的各小类风险因素对引发高校户外运动风险的概率进行评估计算，以对帕累托分析结果中的小类风险因素部分进行验证；列表排序法则兼顾风险发生可能性和后果的严重性程度，用逐步评分的方法评估高校户外运动风险的大小和严重程度两方面，然后两个分值相乘得出“风险量”，用以表现风险的大小。本研究将其细分为“严重程度大可能性大、严重程度大可能性小、严重程度小可能性小、严重程度小可能性大”四种类型后，利用矩阵图法画出 2×2 矩阵图，标出横向坐标“风险发生可能性”、纵向坐标“风险严重性”，区域划分后一一对应高度优先、做好准备、定期评估、日常监控四种风险因素处理的优先级别，由此完成对各类高校户外运动风险因素条目的分类评估，作为帕累托分析的补充。这种 2×2 矩阵图主要是在风险排序的基础上，兼顾了可能性和严重性两维标准，以直观的形式为风险应对方案的制订提供更广阔的视角，为高校户外运动风险管理者具体的风险应对策略的选择提供依据。

二、基于帕累托分析法的高校户外运动风险评估

（一）帕累托分析法介绍

帕累托分析法是由意大利经济学家维尔弗雷多·帕累托于 1879 年首创的，

该分析法核心思想是在决定一个事物的众多因素中分清主次，其理论基础是在投入与产出中“关键的少数和一般的多数”的贡献度分析，即多数只能创造少许的影响，而少数却创造主要的、重大的影响。帕累托将自己的分析方法首先运用于分析社会财富的分布，发现少数人占有多数的财富并控制国家的经济命脉，多数人却只占有少数的财富，这一关系用图表示就是著名的帕累托图。在之后的20年间，帕累托分析法被广泛应用于各行各业的管理中，及原因和结果、努力和报酬之间的不平衡研究中，如应用于库存管理，即被称作ABC分析法，至今ABC分析法仍是应用最为广泛的，帮助企业有效提高工作效率和经济效益的管理理论；应用于质量问题分析，即被称作排列图法。因为风险管理每一个环节的实施都要有投入成本产生，作为风险管理者必然要考虑投入与产出的比例，在追求合理运用资源，以最小的投入获取最优秀的风险管理成果的道路上不断探索。帕累托分析法是经过反复实践之后的最佳方案，该分析法从分析风险因素入手，运用数理统计的方法，将风险因素按照主要、次要、一般的递减顺序进行分析，使风险管理者可以准确把握重点，从而提高风险管理水平和管理的投入产出比。由于帕累托分析法使用和理解起来较为简单，数据结果也易于分析，在本研究中，帕累托分析法用于分析可能由风险因素引发的风险事故，尤其是在规避高校户外运动风险上，得出的结果可以使风险管理者准确清晰地掌握发生事故的概率，指导风险管理者制定出规避、减缓、转移风险的策略。

（二）高校户外运动安全风险的帕累托分析步骤

与一般定性分析方法不同，帕累托分析法的核心在于面对风险管理对象中众多复杂的风险因素，通过数理计算的方法将那些少数的起决定性作用的关键因素和多数的对事物影响不大的次要因素（多数占比）识别出来。这是一种定性与定量相结合的分析方法，因此本研究也引入帕累托分析法研究各类引发高校户外运动风险事故的风险因素的主次排序问题，基本步骤如下。

首先，按分析对象和内容搜集数据。在确定分析评估高校户外运动风险为研究目的后，应多渠道收集各种风险因素条件下事故发生的频数等数据。

其次，处理数据。根据一定标准对高校户外运动风险因素进行分类，并计算整理，列出分析表。按要求计算所收集的数据，包括计算在各种风险因素条件下发生的高校户外运动风险事故所占的百分比、按百分比大小对风险因素排序、计算累加百分比。在对各种类型风险因素进行分类时，可将其划分为A、

B、C 三类。其中，累加百分比为 0 ～ 80% 的部分划为 A 类，80% ～ 90% 的部分划分为 B 类，90% ～ 100% 的部分划分为 C 类。

最后，绘制帕累托分析图。以所要分析的风险因素为横坐标，累加百分比为纵坐标，按累加百分比表中所列的对应关系，分别在图中取点，并联结各点成曲线，绘制成帕累托分析图。

目前，高校户外运动风险事故通过利用帕累托分析，再结合前期对专家访谈得到的信息和事故案例分析的结果，户外运动风险诱因包含多个方面，其中自身冒险行为、场地条件、自我保护与帮助要求等起关键影响作用；而学生的安全知识、身体素质和机能、管理制度等因素的影响作用则相对较小。

第三章　现代户外探险运动与风险

第一节　户外探险运动开展的必备条件

一、户外探险运动的起源与发展

（一）户外探险运动的起源

早在18世纪，欧洲就已经出现了户外探险运动的雏形。之前，人们总是认为山区是魔鬼一样的地方，不敢进入。直到18世纪，一些传教士为了传教，不得不穿越山区，翻山越岭。随后，一些专业人员开始走进大自然，进行关于自然生态的研究。一些新的社会阶层（如实业家还有企业家等）于欧洲工业革命之后逐渐出现，这一阶层的人普遍拥有雄厚的经济实力，在生活中为了寻求刺激，普遍将登山视为一种充满时尚的休闲方式。

当时，成为第一个登上某座山峰的人是所有登山者追求的目标，当一座座比较平缓容易登顶的阿尔卑斯山区的山峰被征服后，人们又把目光盯上了攀登起来有相当难度的山峰。面对常年积雪的冰岩地形的山峰，人们开发出了一整套技术和装备，但都是十分简陋、比较原始的。

（二）户外探险运动的发展

户外探险运动的发展可以分为三个不同的时期。

第一个发展时期是比较古老的原始的户外探险运动时期，从 18 世纪到 20 世纪初。它的特点是工具比较原始，活动的难度一般，规模较小，距离较近，持续的时间也较短，几乎没有多少后勤保障，全凭个人的力量进行。

第二个时期快速发展时期，从 20 世纪初期到 20 世纪中后期。在第二次世界大战期间，为了适应特种作战的需要，提高野外作战能力以及团队之间的合作能力，英军突击队利用绳网技术和自然障碍来进行“越障训练”，进而形成了攀岩和野营的雏形。此为人类首次将户外运动有意识且系统地在实际生活中加以运用。而第二次世界大战结束以后，伴随全球经济的恢复以及逐步向前发展，户外运动（如户外探险）开始逐步脱离了军事训练，逐步发展为如今的户外探险运动。户外探险运动作为一项体育活动项目，发展更加迅速，且拥有更为多样的形式，同时其功能也发生了转变。而户外探险运动至 20 世纪 70 年代才真正有了户外运动项目分类。新西兰于 1989 年举办了第一届越野探险挑战赛，诸多样式的户外探险项目比赛在世界的范围内开始火热地展开。

第三个时期是户外探险运动发展的成熟期，从 20 世纪末到 21 世纪初。户外探险运动的历史虽然短暂，但发展却十分迅猛。经过几十年的发展，户外探险运动在一些发达资本主义国家已经是一项十分普及的体育运动项目，它已成为一种娱乐、休闲、探索未知、挑战自我、挑战自然、对自身生活质量予以提升的新颖的生活方式。现在每一年欧洲都会举办很多大型的挑战赛，诸多规模比较大的越野挑战赛正在整个世界流行起来。现代户外探险以及越野运动最初源于新西兰，每一年整个新西兰总人口的三分之二都会参加形式不一的户外活动。而在大洋彼岸的美国，差不多一半的人在自己的一生里都会最少参加一次户外探险活动以及数不清的野营郊游活动。

二、我国户外探险运动的发展及现状

我国户外探险活动具有悠久的历史。我国是一个多山的国家，早在汉朝时期就已经出现了有关登山探险的记载。司马迁的《史记》里面就细致地记载了穿过天山、昆仑山、雪山以及葱岭山区“葱岭通道”的相关经历；汉武帝曾遣张骞至西域，将这条横贯东西的山区要道打通，此为我们国家有文字记载以来的时间最早的与登山探险相关的活动。而从西汉开始我国就有了九月九日重阳节登高的风俗习惯。唐代高僧玄奘为深入研究佛学前往印度，途中经历的中外山川险阻不计其数，其中包括海拔 6 000 多米的葱岭北隅陵山。唐代著名诗人白居易曾在许多名山大川留下过笔墨。众所周知，徐霞客为我国明代时期非常有名的一位旅行家以及地理学家，他从20岁到50岁，用人生的30年时间游览了祖国的大好河山，写下了非常细致的名山游记《徐霞客游记》，为后代留下了宝贵的与古代登山活动相关的史料和高山科考资料。无论是以葱岭为中心的高山登山活动或以内地“五岳”等秀丽山峰为主的一般性登山活动，都曾经十分活跃。而欧洲人直到18世纪末才登上了海拔4 000米以上的高峰。与欧洲早期登山探险活动相比，无论是在时间上还是在高度上，我国都处于领先地位，但现代登山探险运动，起步却较晚。1955年初，中华全国总工会派四名优秀运动员赴苏联参加高加索登山营学习登山技术，并成功登上海拔6 673米的团结峰和海拔6 780米的十月峰。这是新中国运动员首次登上高山。1956年3月，由35名优秀运动员组成了新中国成立以来第一支“中华全国总工会登山队”。1957年，中华全国总工会登山队成功登上海拔7 556米的贡嘎山顶峰。以此为标志，中国现代登山探险运动进入蓬勃发展的新时期。1959年7月7日，我国8名女运动员和25名男运动员一同登上了帕米尔高原上海拔7 546米的慕士塔格峰。1960年5月25日，中国登山队经过2个月的艰苦拼搏，首次从北坡成功登上了世界最高峰珠穆朗玛峰。

虽然我国将户外探险运动起步较晚，且在产业链的形成及发展方面也相对比较滞后，但经过近几十年的发展，我国的户外运动呈现出了强劲的发展势头和巨大的发展潜力。户外探险运动发展之最初阶段，我国的户外探险运动产业以销售装备器材为主，主要代理国外户外探险运动品牌。随着户外探险运动的迅速发展，我国逐渐形成了装备制造、竞赛表演、培训服务等市场，有效刺激了户外探险运动装备、服务、赛事、旅游等相关产业的发展，直接促进了国民经济的增长和发展。

（一）我国户外探险运动的组织管理情况

我国国家体育总局已经专门创建了登山运动管理中心，其主要工作职责为负责组织管理、普及还有推广登山运动的相关工作。其中心下设许多部门，包括高山探险等部门，具体负责其在国内的有关工作。在部分省、市、自治区也设有相关部门和组织，如青海、新疆、湖南等，专门管辖本省、市、自治区户外探险运动。而值得注意的一点是，我国的部分户外运动俱乐部并不在体育行政组织的管辖范围内，而是受民政局、旅游局，还有文化局等相关部门的管辖。

我们国家有一个事业单位性质的社会体育管理体系，即我国每个省、自治区、市等设置社会体育管理中心或者社会体育指导中心。这些机构受政府委托，发挥部分社会体育管理职能，并指导和举办一些户外探险运动。另外，各类学校也开设户外运动（包括探险运动）课程，由学校的体育教研室（部）具体负责，如中国地质大学等。体育社团组织也在组织开展相关的户外探险运动，如北京大学的山鹰社等。

（二）我国户外探险运动开展的范围

户外探险运动属于户外运动的一个组成部分，是体育项目中的新潮流。所以，无论是对参与者的经济水平还是对其受教育程度等各方面因素都有相对较高的要求。它先在一些经济发达地区（如北京、上海、广州、深圳等地）迅速发展，在一些拥有丰富山地资源的省份（如我国的云南以及贵州等地）也有不少的参与者。

从相关统计中可以看到，我们国家目前登记在册的户外运动爱好者（以户外运动俱乐部会员为统计依据）已超过 30 万人，全国有超过 1 000 万的自助旅游爱好者，喜欢山地户外运动的人数超过千万。而在参与的人群中又以青年人为主，以北京为例根据 2016 年的《北京户外运动产业营销现状消费调查问卷》显示，户外运动的消费人群集中在 20–40 岁，占 67.1%，可见，青年人在户外运动参与及消费上是主力军。户外运动于 20 世纪 40 年代中期作为一门新兴体育课程走进高校的课堂，大学生们对这门课程的兴趣可谓十分之大。自 1989 年在云南成立我国第一个户外运动俱乐部以来，在中国登山协会注册的户外运动俱乐部保持了每年翻一番的增长速度。

（三）户外探险运动存在的问题

1. 管理部门管理不严，局面较乱

我国户外探险运动的经营实体较多，既有行政部门的，又有事业单位及民间社团等，相互之间联系又不紧密，在管理上产生很大困难。加上我国的这项运动起步较晚，法规不够完善，有待健全，有些经营组织以及个人为了摆脱行业部门对其进行的监管，抑或为了获得更低的税率，并没有严格按照体育类经营企业（俱乐部）的申请流程来申请，所以出现了现在这样的多部门（如民政、工商等）共同管理的乱局。

除此之外，许多组织和个人为了追求经济利益的最大化，摆脱行政部门的监管，跨过行业准入门槛，未经任何管理部门审批，利用网络、报纸等各种媒体资源私自招募爱好者开展活动，这种做法存在着极大隐患和风险。像这样的

未界定责任还有法律关系地组织或参加户外探险运动，常常会由于人身意外伤害事故的出现，而给管理带来更大的麻烦。

2. 法规制度严重缺位

我国的户外运动虽然蓬勃发展但还没有一部和户外运动行业百分百相适应的法规，同样在行业管理规范方面也有很大的欠缺之处。只有户外运动最高行政管理部门国家体育总局登山运动管理中心出台了《国内登山管理办法》《攀岩攀冰运动管理办法》及《登山运动员技术等级标准》等单项管理办法或从业人员、机构管理办法，而对户外运动组织者之资格认证，还有责任划分等其他部分的管理制度尚未建立。加强户外运动立法，明确规定户外运动中各主体的权利义务关系乃当务之急。

3. 户外运动从业机构资格认证不够规范和严格

我们国家进行户外运动服务以及实物销售的机构和组织主要是户外运动俱乐部。它们通常是以营利为目标，服务社会公众的体育企业。具体的组织形式为企业经营者出面来进行组织，在自愿、互助以及互惠的前提条件下吸引人们自主参加。

虽然户外运动传入我国较晚，但受到了很多年轻爱好者的极力推崇，因而发展十分迅速。然而各个级别的管理部门在制定还有实施相关管理制度、管理措施以及管理办法方面出现了严重的滞后情况，对俱乐部的审批仍然不够规范和严格。截至 2018 年 8 月，国内户外运动俱乐部有 1800 多家，得到认证的只有 462 家。在市场经济条件下，广阔的市场和丰厚的利润使相当一部分商家趋之若鹜，无论能力、规模、条件是否具备，都一哄而上。

4. 户外运动从业人员素质低下

我国户外运动从业人员大多数是早些时候的户外运动爱好者，可以说都属于半路出家型的，他们基本上是出于个人兴趣和利益的驱动走入这个行业的。大部分在俱乐部工作的员工实际上并不具备从业资格，在包括业务素质在内的综合素质方面不尽如人意。

5. 对户外运动的认识存在偏差

首先，曲解户外运动的本质含义，将其视为旅游活动，或对户外运动的内容、意义的理解过于狭隘。实际上，户外运动源于军事训练，是以自然环境为运动场地，将体育运动以及探险当作基本属性的项目群的集合，而并非某个单一项目（如攀岩、登山）可以代替的。

其次，对户外运动的理念理解不够全面，这主要体现在两个方面，一是对环保不够重视，二是对安全不够重视。在对户外运动进行宣传和普及的过程中，相关的管理者和组织者不应违背户外运动的理念，而应当身体力行地来对相关的参与者加以引导，正确、科学且全面地来理解它的真谛。

6. 群众参与户外运动健身锻炼意识淡薄

由于户外运动项目的特殊性，其参与者大多数为年轻人，加之发展时间不长，属于较高层次的体育消费。

另外，户外运动内容丰富，其健身、休闲、娱乐、教育、经济、社会等功能尚未被人民群众全面深入理解。“户外运动不如打球”“户外运动就是旅游”等肤浅认识，体现了人们对户外运动缺乏认识。

三、户外探险运动的分类、功能及意义

（一）户外探险运动概念的界定

作为一项新兴的集休闲、运动以及挑战自我于一体的户外体育运动项目，户外探险最开始仅仅是个别人追求刺激及挑战极限的游戏。而随着世界经济的不断繁荣发展，人际竞争相较以往也变得更加激烈，因此人们普遍有回归大自然，将自己从平日里的忙碌中抽身出来的想法，而户外探险运动就是在这样的期盼之中诞生的，并且普及得很快。该运动在欧美等发达国家可谓非常流行，而且已经形成了相对健全的经营模式。而随着我们国家改革开放的不断深入以及生活水平的持续提升，该运动项目迅速融入公司白领以及高校学生等各类群体的日常生活里面去，户外探险运动慢慢被人民大众所接受。

户外探险运动是指有计划、有目的、有组织，在自然环境或人工非运动的场地以提高竞技水平，增强身体健康，探求未知，挑战极限、挑战自我、挑战自然为目的的一项体育运动项目群。它的显著特点是以自然环境为运动场地，具有不确定性、危险性和刺激性。

（二）户外探险运动的分类

户外探险运动的项目及内容比较繁多，归为户外探险运动的项目至少应包括以下两个要素。

（1）垂向运动，即必须有垂向移动，如登山、攀岩等。

（2）水平运动，即平面上的位移，如徒步、器械运动等。

按照开展户外探险的地形环境，户外探险运动可分为四大系列：山地运动

系列、峡谷运动系列、海岛运动系列、荒漠运动系列（表 3-1）。

表 3-1 户外探险运动分类表

大 项	系 列	项 目
山地运动	丛林	丛林穿越、丛林宿营、丛林觅食、丛林急救等
	岩壁	攀岩、岩降、攀冰等
	其他	洞穴探索等
峡谷运动	谷内	溯溪、漂流等
	谷缘	搭索过涧、溜索等
海岛运动	荒岛生存	觅食、宿营、联络、求救等
	滩涂运动	滑沙、结绳负重等
	峭壁运动	海上攀岩等
	远、近水域运动	深、浅海潜水等
荒漠运动	沙漠运动	沙漠穿越、沙漠生存等
	戈壁运动	戈壁穿越、戈壁生存等
	荒原运动	穿越项目、生存项目等

我国国家体育总局早在 2005 年 4 月就把山地户外运动设立为正式开展的体育项目，并对其具体内容进行了相应的规定，将当时的户外运动列为登山运动下属的二级项目，将其界定为“山地户外运动”。该比赛项目的设置主要运用的是“3+X”制，“3”指 3 个一定要进行的项目，也就是登山（包含攀岩、岩降等）、水上竞渡及地理位置变化的定向穿越；而“X”则指基于比赛场地的具体状况而设置的项目，如自行车、负重穿越以及野外生存等相关项目。

（三）户外探险运动的地位与功能

1. 户外探险运动的地位

伴随着现代经济社会的飞速发展以及生活水平的持续提升，拥抱自然、探索未知及挑战自我的呼声相较以往越来越高，在节假日越来越多的人开始从室内走到户外，自觉进行体育健身，进而形成了声势浩大的户外运动热潮。户外运动其身为一种健康新颖、时尚刺激的活动方式，体现了现代人对于“磨炼意志，超越自我”之期盼。将复杂的山地自然环境当作主要场所的户外探险运动从 20 世纪 80 年代中期传入我国后，发展十分快速，而且受到人民大众的普遍欢迎，发展前景十分广阔。我国现在有上千万的户外爱好者，分布于全国各地，全国各地不同城市大大小小的户外俱乐部有上万个之多。其中像北京、上海、西安等户外运动发达的城市数量最多。根据相关调查，户外运动在人们最喜爱的全民健身运动项目里排第七位，已然成为全面健身中的一个重要的项目。

户外探险运动在诸多方面都有着无法替代的作用，如在人们思想道德、身体、心理素质的提升和团队精神的增强方面，对全民健身运动的发展以及人与自然和谐发展的促进方面。

2. 户外探险运动的功能

户外探险运动作为一项既时尚又刺激的新兴体育项目，与发达国家相比，虽然发展时间较短，但已受到广大爱好者的青睐，在人们的心目中占据了重要的地位。尤其是经过认识和了解，越来越多的年轻人开始关注并参与这一运动。户外探险作为户外运动体育项目的重要组成部分，它既有体育运动的普遍性，又有其自身的特殊性。

（1）促进身心健康是户外探险运动的基本功能之一。现代社会的发展需要大批优秀人才，他们不仅要掌握现代科学技术，还要具有全面的能力、强健的体魄、健全的人格和良好的心理素质。而户外探险运动，要在空气清新、自然环境优美的野外进行攀爬、跳跃、行走等锻炼，能有效增强人体的心肺功能和肌肉强度，达到提高人体的力量、速度、耐力、灵敏性及柔韧性等综合素质的目的。并且，户外探险运动的强度不是很大，平均心率在 110 次 / 分钟，多属于有氧运动。

户外探险运动对维护个体心理健康也有很大的帮助，能培养坚韧不拔、拼搏向上的优秀品质。户外探险都是在艰苦的野外自然环境中进行，地形复杂、气候多变、条件艰苦，甚至充满危险，参与者要背负行囊在山林中穿梭，除了要和恶劣的自然环境进行斗争以外，还要和内心的各种负面思想（如妥协、犹豫、放弃和害怕）进行斗争。当人们在紧张的学习、工作之余投入户外探险运动中时，才能真正拥抱大自然、尽情享受大自然的清新空气和明媚的阳光，获得精神上的放松，在团队中体会团结的力量，在自我挑战的进步中感受成功的喜悦。

（2）培养团队协作精神、构建和谐的人际关系是户外探险运动的特有功能。人是组成社会的基本单位，人不能脱离社会，和谐的人际关系是社会和谐的基础，只有当人完全融入社会，人才能不断发展和完善，才能成为真正意义上的人。然而，在市场经济飞速发展的现代社会，人际关系并没有随着经济的发展获得明显的进步。发达的交通工具使世界变成了地球村，日新月异的信息化技术改变了原先的人际交往方式，人们的直接接触和交流减少，人们的功利心日益膨胀，人们之间的情感日益淡化，甚至被利己主义所湮没。

户外探险是集体进行的项目（不提倡个人进行），开展的过程中自始至终强调团队精神。人是一种有情感的动物，需要感情的交流。野外自然环境为参与者提供了畅所欲言、相互帮助，甚至同生死、共患难的空间和平台，并且空旷、美丽、宁静的大自然将激发人们交流的欲望，拉近人与人之间的距离。此外，在户外运动中的参与者不仅要注意个人的安危，还要为集体和他人着想，这有助于克服现代青年盲目以个人为中心的思想，进而使青年人在互帮互助中逐渐形成团队协作的精神。

（3）增强环保意识，构建人与自然的和谐关系是户外探险运动的附加功能。和谐社会就是人与人之间、人与自然之间和睦相处的稳定有序的社会，在世界经济高速发展和现代文明高度发达的今天，美丽、洁净的大自然却时刻受到环境污染的严重威胁。

为了子孙后代的长远利益，环保成了当务之急。“环保”理念也是户外探险运动所要强调的最重要的理念之一，即留下脚印，带走垃圾，切实做到还天空以蔚蓝，还江河以清澈，还山川以秀美，还鸟兽以自由，珍爱自然，善待自然。

（4）户外探险运动的教育价值体现在它在学校教育中的地位和作用。随着学校体育教学的改革，无论是教学的内容还是教学的方法或目标都将伴随社会的进步以及时代的变迁而产生巨大变化。体育教学的内容开始从“以运动技术为中心”朝着“以体育方法、动机、活动、经验为中心”的方向转移，注重可接受性、科学性，同时突出其健身性、趣味性、娱乐性以及实用性、终身性。而在教学方法方面主要提倡素质教育，尊重学生的人格，承认学生之间的个体差异，关注其个性发展，其核心是“快乐体育，健康体育，终生体育”。户外探险作为一门符合现代“以人为本”教育观的新型体育课程，得到了教育界的一致认可和推崇。宋学岷于 2018 年发表的博士论文提到，在学校体育领域，现有 200 多所高等院校不同程度地开设了户外类课程，是学生选课的热门课程。

（5）户外探险运动的经济价值逐渐凸显。随着经济全球化的迅速发展和户外运动在世界各国的日益普及，户外运动产业正在逐渐成为 21 世纪最具前景的行业之一。目前，欧美经济发达国家的户外运动产业已然发展成为一个必不可少的支柱产业。基于经济观察网对其进行的预测，在 21 世纪，“休闲运动将大行其道，成为人们生活的重要内容”，将会成为 7 个最佳投资方向里面的一个。户外运动对整条产业链的发展都有很大的带动作用，如服务以及装备等诸多产业。

户外探险运动作为户外运动的一个重要组成部分，除专业商店外，就连大卖场都有专柜供应相关装备等商品，商品的适用性很广而且十分时尚，尤其吸引消费能力最强的中年及青少年人群。由此可见，其潜在的经济价值巨大。

五、户外探险运动的有关常识

（一）基本装备

1. 行李清单

收拾行李时，应列一张清单，避免遗忘一些重要的东西，同时可以把要带的东西减少到最低限度，以便轻装上阵，减轻负担；如果是开车上路，可以适当多带一些，但所带物品一定要和探险活动相关。

2. 背包

背包要结实、实用。背包的大小可以根据不同情况来选择，如果是短途的可以选 35 升左右的小背包；如果时间较长且天气炎热，可以选 50~60 升的中背包；如果时间较长且天气寒冷时可以选择 100 升及其以上的大背包。

3. 睡袋

户外探险时，睡袋是必不可少的用品。合成纤维睡袋在湿润环境下保暖效果较好，价格较便宜；羽绒睡袋很轻，包扎起来体积小，易于携带，只是潮湿后一般不容易干，价格较高。睡袋不用时，应将其置于防水袋或塑料袋中。

4. 睡垫

户外探险时，使用睡袋时必须配套使用睡垫，它可以隔离地面潮气，防止得关节炎，也可以防止人的体温传导给地面，减少人体热量的损耗。如果没有睡垫、油布或塑料布，也可将较干燥的树枝、树叶或干草作为睡垫。

5. 指南针、地图和全球定位仪

户外探险主要是在复杂的不熟悉的地理环境中进行，往往险象环生，指南针可以帮助参与者辨别方位，找到正确的路线和方向。有了地图，要将预先准备的路线图和地图进行对照，及时了解自身的位置，计算自己与目的地之间的距离等。如果有全球定位仪（GPS），可以及时了解自身的方位，一旦遇到危险或需求救时可以让他人知道你的位置，便于施救，但一定要携带足够的电池。

6. 炉具

如果是在背得动很多设备或驾驶汽车的情况下，根据不同类型的探险活动，可以携带炉具，如用乌洛托品做的固体燃料片做燃料的汤米炉，用甲基化酒精做燃料的特兰吉亚炉或压缩汽油炉。但一定要注意用火安全，保护大自然，避免发生火灾事故。

7. 水壶

旅游时都会带上水壶，但在户外探险时，尤其是在沙漠探险时必须带上足够的水，才能保证探险活动的顺利进行。这时的水就是生命的基础，没有水就意味着死亡。水壶有 1 升、2 升的水壶，也有 4.5 升的可折叠的水囊等。

8. 饭盒

在进行户外探险时应带上饭盒，可以带塑料的，但多数人会带上不锈钢的金属杯，因为它既可以盛饭、水，又可以作为锅用来烧饭、煮茶水。饭盒包装时，可往饭盒里装一些小东西，以节省空间。

9. 雨披

户外探险活动时，常常会遇到下雨天，一旦衣物淋湿，衣服不易干，很容易使人生病。雨披是必不可少的，它可以遮风挡雨、御寒，但雨披必须是质量好、重量轻、耐用的。

10. 衣服

衣服不宜带得过少，否则有时会危及生命安全。尤其是在山区、高原地带探险，天气多变，昼夜温差很大，有时一天中就能经历一年四季的气候变化，要注意保暖。在一些山难中，往往会出现体温散失而致使人死亡的情况。比较好的衣服不仅可以透气，还能起到防晒的作用，能够确保在野外行走的时候，不会因为太热或流太多的汗而出现脱水或中暑的情况。

11. 医学包及医药装备

由于户外探险途中，各方面的条件很差，一旦发生医学或生理上的问题，必须自救或互救，带一些简单的医药用具或药品是十分必要的。

心肺复苏术的相关器具，如口袋面罩、面膜、镊子、夹板、毒液提取器、蛇药片、抗蛇毒素、净水药片、针、放大镜、小剪刀、安全别针等。同时在药包里带一些常用药品，如抗菌药、解热镇痛药、感冒用药、防晕药、避暑药，抗过敏药、外用药、蛇药等。

12. 装包顺序

装包时一定要合理利用空间。先放大的东西，下面先放重的东西，经常会用的东西要放到容易拿到的腰包或者侧包里，容易碎的东西则需要毛巾或衣物等好好地包裹起来。

（二）着装的有关常识

着装要宽松、美观大方且舒适耐用，部分情况下还需具备伪装性。穿长裤能够有效避免皮肤被晒伤，避免蚊虫的叮咬，穿走在山林间还可以避免被树枝或者藤条等刮伤、刺伤；带有帽檐的遮阳帽可防暴晒，防枝条或棘刺对眼睛造成伤害；在寒冷的地区或夜晚，则可以穿上套头衫；太阳镜能够有效地防止强光伤害眼睛，如果在雪地的话则能够有效地避免雪盲的出现。

鞋袜大小要适宜。太小的鞋会阻碍脚部的血液循环，假如身处比较冷的环境里,那么还常常会使两只脚发冷或冻伤。一般情况下,可根据外出时间的长短，多带几双袜子，以便使用。徒步探险时，要用绑腿，能够避免小腿肚出现酸痛的情况，同时走的路程也会相对更远一些，还能够有效避免野外的蛇虫钻到裤腿里面去。除此之外，绑腿还具备些防水的功能，如果遇到紧急状况，还能够临时充当绳索。

（三）户外探险的注意事项

1. 要有缜密的计划

需要包含时间、路线及食宿在内的所有详细计划，所有准备工作都需要提前做好，务必细致一些，将所有该带的东西都带上。

2. 要注意沿途的安全

在整个行动的过程里都需要贯彻安全第一的原则，探险并非冒险，务必要保护好自己。要坚决杜绝不顾一切、不顾后果的个人冒险主义，探险是去探知未来，享受生活和体验生活，安全比什么都重要。要尽可能地找一个或几个同伴一同去，切忌自己一个人，可以借助当地相关组织或政府力量，以尽可能地确保自身安全，与此同时还需提高自身的警惕心，防止出现被骗的情况。

出门在外，对待他人要有礼貌，遇到事情要懂得谦虚忍让，切勿没事找事，惹是生非。

3. 爱护大自然

大自然是我们得以生存的可靠保障，同时也是人类的家园。热爱大自然，保护一草一木，就是爱护我们自身。

4. 注意卫生与健康

户外探险活动并不是一件轻松的事，往往十分劳累，而且在进行的过程中参与者经常会冒很多的汗，还会产生无法预估的人体机能的反应，因此在起居饮食方面必须注意卫生，确保自身身体不出现问题，只有这样活动才能够顺利进行下去。

5. “入乡随俗”

不同的国家、民族以及地方无论是文化习俗还是饮食习惯、宗教信仰都会有所差别，因此务必对当地的习俗予以尊重，入乡随俗，以防招惹麻烦。

（四）户外探险运动出行的方式

1. 自驾车探险

随着经济的发展，车已不仅仅是代步的工具，更多人开始购买大排量的越野车或 SUV 车，走出都市，进行探险活动，享受生活，享受人生。虽然驾车探险费用较高，但活动的范围更广，速度更快，可以到达很远的、偏僻的、人迹稀少的地方，越是这种地方，自然风光就越美，这是用其他出行方式无法做到的。

例如，苏州大学的东吴越野车友俱乐部曾在 2005 年 7 月 28 日驾驶 15 辆吉普，历时 21 天，行程 1.2 万米，考察了西藏，途经可可西里无人区，并同当地的藏羚羊保护组织进行了互动，举行了为拉萨将景希望小学的捐赠活动，一路穿越沙漠、戈壁、高原雪山，从最危险美丽的川藏线返回苏州。俱乐部又于 2007 年 7 月 28 日出发，历时 24 天，行程 1.5 万米，考察了美丽的新疆。从南疆罗兰到北疆喀纳斯湖，翻越雄伟的天山，从最西面的喀什、霍尔果斯到东面的天山天池、乌鲁木齐、吐鲁番、火焰山，几乎走遍了整个新疆。在这些户外探险运动中他们欣赏了美丽的大好河山，陶冶了情操，享受了生活。

2. 骑自行车探险

这种活动方式是比较经济合算的，既达到了探险的目的，又锻炼了人的意志、毅力和体能。随行行李要轻便，带好必需用品，而且车况一定要好，座位要柔软，把握好行车速度，注意安全。

3. 徒步探险

这种方式较原始，但更简便实用，背上简单的背包，就可以徒步远足，进行探险。它和骑自行车一样可以锻炼人的意志、毅力、勇气和体能，挑战自我。但徒步探险一定不要单独进行，最好找志同道合的同伴一同前往，可以相互有个照应，减少许多危险。

4. 混合型探险

混合型探险是指以上几种方式混合起来的一种探险活动，比单一的自驾车或骑自行车探险内容更丰富，适用的范围更广。例如，有些路线只有羊肠小道，汽车无法翻越的崇山峻岭，偏远的深山峡谷、原始森林，只能先驾驶或乘其他交通工具，到达目的地的外围，再徒步穿越或乘船前行，然后想办法回到停车点驾车返回。

六、开展户外探险运动必须具备的条件

户外探险运动具有特殊性，在室外或无人区展开，在整个活动过程中充满危险，甚至困难重重，因此要想安全地、顺利地完成某项户外活动，每个参与者都必须具备以下基本条件。

（一）身体条件

这是完成户外探险运动最重要的基本条件之一，良好的身体有利于避免因疾病等身体原因而陷入生存的困境，避免因自己身体不好而使人们冒着生命危险来营救自己。没有强健的体魄想要去挑战危险地带，在户外进行探险活动，那将是危险而愚蠢的。

身体条件包括速度、力量、耐力、柔韧性或伸展性、平衡性、专项素质等方面。

开展户外探险运动前，首先要进行健康检查，身体机能状况良好时才能开展，如平均心律为 70~80 次 /min，当达到 90~100 次 /min 时表明健康状况不佳；心律为 60 次 /min 时为正常；心律达 40~50 次 /min 时表明心血管系统非常健康。

（二）心理条件

在户外探险运动过程中，由于环境特殊，意想不到的问题，甚至各种危险随时随地都可能发生，但不管发生什么情况，参与者的求生欲望和坚强的意志是至关重要的。探险运动中遇到的各种各样的问题，如恐惧、焦虑、不安、紧张、疼痛、沮丧、麻木、冷淡、受伤、疾病、严寒、酷热、干渴、饥饿、虚弱、眩晕、

疲劳、失眠、厌烦、寂寞、隔绝、孤独，都会严重影响参与者的情绪，不身临其境，不可能体会。面对困难和危险，要想办法克服困难，适应环境，理智地求生；要有大无畏的精神，冷静思考，想出各种有效的办法来解决问题；要有坚韧不拔的毅力，不能“怕”字当头；同时要有坚定的决心和信心，相信自己一定能战胜困难，走出困境，调动自身的积极性和创造性为战胜困难铺平道路。

一个曾参与过朝鲜战争的美国将军在对中国获胜的原因进行讨论时讲到，其中一个关键原因就是中国军队坚忍顽强的战斗意志。可见具有坚强的心理素质是多么重要。

（三）团队精神

在户外探险运动中，存在着无数艰难险阻，单凭一个人的力量常常是无法与大自然抗衡的。此时，发扬团队精神，利用集体的智慧和力量就显得尤为重要。这不仅关系到任务的完成，还关系到个人的生命安全。

一般认为，大局意识、服务精神、协作精神的集中体现就是团队精神，它反映的是个人利益与整体利益的统一。从古至今，任何一个国家、民族、单位、部门的生存发展与兴衰都和由个人组成的集体、团队的努力是分不开的。“团结就是力量，团结就是胜利”“人心齐，泰山移”“一个篱笆三个桩，一个好汉三个帮”“大众一心，众志成城”等都充分说明了团队精神的可贵。

（四）相关知识的准备

知识就是力量。在探险运动中，可以说处处潜伏着危险，要时时小心，处处留意，避免陷入危险的境地；一旦遇到危险，必须沉着冷静，逼迫自己想办法，利用有关知识来避免出现伤亡事故。

例如，2004 年 12 月 26 日，印尼发生的强烈地震，引发印度洋特大海啸。当时年仅 10 岁的英国女孩蒂莉 · 史密斯在 2004 年圣诞节这段时间和家人到泰国普吉度假，发觉海水有些问题，于是立马想到在地理课上学到的有关海啸的知识：“我在沙滩上，海水变得有些古怪，冒着气泡，就像啤酒表面一样。潮水突然退下来，我知道正在发生什么，并且有一种感觉，将会是海啸。”她随即告诉了妈妈，妈妈起初不相信，最后看到小蒂莉认真、着急的样子，马上想法通知了周围的人，并发出海啸马上就要到来的警告。她的这一举动挽救了当时正在沙滩上游玩的 100 名游客。为对其进行嘉奖，2005 年 9 月 9 日海事学会为其颁发了奖状。2005 年 11 月 3 日她又受到了美国纽约联合国总部的邀请，到访了联合国总部，而且还会见了后来的美国第42任总统比尔·克林顿，当时他的职位为联合国海啸特使。

由此可见，具有野外生存的相关知识和经验是多么重要。户外探险、野外活动时，要重视现象，充分注意各种现象和苗头，否则可能危险就在茫然不知中产生。一旦遇到危险和困难，应该充分利用学过的知识、技术和技能，利用周边环境和现有条件应对危险或困难。

（五）生态环保意识

人类是自然环境发展到一定阶段的产物，环境是人类生存与发展的物质基础。在原始社会时期，人类活动对环境的影响较小。随着动植物的驯化，人类改造环境的能力逐步增强，相应的环境问题就出现了，如森林被砍伐，草原沙漠化，水土流失等；工业化之后，环境问题日益严重，如大气、土壤污染加剧，许多原始生态也被破坏。良好的生态环境条件能促进社会生产和保障人们的身体健康，能促进人类与自然界的和谐共存，反之人类就会受到大自然的惩罚。近年来，沙尘暴不断并有越刮越猛的势头，全球干旱和洪水灾害频发等已严重威胁着人类的生存和发展。自20世纪20年代以来，一些国家和组织签订了上百个国家保护公约及协议。例如，1948年国际自然与自然资源保护联盟（IUCN）建立，1952年建立《国际植物保护公约》，1973年建立《濒危野生动植物种国际保护公约》，1971年建立《国际重要湿地特别是水禽栖息地公约》，1979年建立《野生动物迁徙物种贸易公约》，1980年建立《南极海洋生物资源保护公约》，人们的生态环保意识和生态道德观念也在不断增强。美国几个联邦的土地管理机构宣传和倡导"不留痕迹"的教育项目，1994年经美国林务局、国家公园管理局、土地管理局、美国渔业和野生局与国家野外领导学校共同努力，在生产商、野外活动零售商、用户群众、教育工作者和热爱野外环境保护的个人的联合支持下，"不留痕迹"教育项目标准最终完美形成，促进了人们在任何地方养成良好的道德习惯和技能。在户外探险的过程中，要始终将环保放在一个重要的地位上，比如离开营地时带走所产生的垃圾包括食物残渣、排泄物等。只有我们具有一定的环保意识，才能够将户外探险活动对自然环境的影响降到最小，这不仅是对大自然负责，更是对我们自己负责。

（六）户外探险运动的装备

1. 一般户外探险运动的装备

（1）文件类：各种有效的证件（身份证、工作证、学生证）。

（2）工具类用品：相机、手电筒、哨子、指甲钳、蜡烛、多功能刀、手表、针线包、水壶、记事本、笔、绳子、饭盒、背包、指南针、塑料袋、卫生纸、常用药物。

（3）穿戴类：换洗衣物、帽子、鞋子、袜子、手套、雨披、洗漱用品、牙膏、牙刷、化妆品、防晒霜、别针等。

户外探险除了携带上面的有关物品外，还必须带上望远镜、放大镜、风镜或墨镜、地形图、海拔仪、全球定位仪（GPS）、罗盘仪、指南针、太空被、户外活动的鞋、绑腿、遮阳帽、手机、食物、帐篷、睡袋、防潮垫、充气垫、头灯、火柴等。

2. 特殊装备

（1）救生装置：口哨、太空被、防水火柴、纽扣、指南针、蜡烛、针线、别针、塑料袋、鱼钩、细金属线、钢锯、多功能小刀、小医疗急救包、手电筒、固体燃料块、防风打火机、微型照明弹、食品等。

（2）山地或雪山装备：冰镐、冰爪、冰靴、结绳、滑雪杖、羽绒衣等防寒衣物、兜帽、手套、太阳镜、登山绳、吊索、钩环、岩石锥、岩石钉、安全带、手钻、海拔仪、全球定位仪、指南针、砍刀、锹、地形图、雨披、高山眼镜、燃气罐、油炉等。

（3）洞穴装备：探险服、长筒胶鞋、登山鞋、安全帽、头灯、备用手电筒、电池、灯泡、食物和水、手套、护腕、护膝、护踝、标签、蜡烛和火柴、指南针、纸和笔、缆索、软梯、铝梯、全球定位仪、地质锤、罗盘仪、放大镜、探洞专用下降器、胸式安全带、胸式上升器、探洞安全带、铁锁、牛尾绳、电石罐、探洞包、手柄式上升器、脚踏带、急救包等。

（4）沙漠和草原装备：长袖衣物、有透气孔的宽檐帽、太阳镜两副（一副平时用，另一副防风沙用）、保暖防寒夹克衫、厚鞋、防晒霜、备用水、防潮被、铲子、车辆备件、备用燃料、卫星电话、带水用具、纱网帐篷、防身武器、食物、药品等。

（5）热带丛林雨林地区装备：长袖衣物、松紧裤、网眼斗篷、驱虫剂、治疟疾等疾病的药、可防蚊虫和吸血蝙蝠的网眼细密的大蚊帐、头灯、雨靴、医疗包、砍刀等。

（6）航海装备：无线电装备、照明灯、求救信号灯、保暖防水夹克、救生衣、频闪灯、救生筏、照明弹、防水容器（放个人财物、应急食物、防水火柴、地图等）、浮锚、鱼钩线、鱼叉、渔网、粗绳、燃料、淡水等。

不同类型的户外探险运动，可以根据不同目的、路线、时间等方面适当调整用具，必要时还可以自制工具、用具等，总体原则是够用、安全、经济、舒适。

第二节 户外探险运动的基本技能

一、徒步穿越

（一）基本知识

1. 徒步穿越的含义

徒步穿越是一种在一定区域里凭借徒步行走穿过山岭、丛林以及峡谷等各种地貌的户外探险活动。徒步穿越对参与者野外综合素质、技能有较高的要求，集登山攀岩以及野外生存于一体，一般需要参与者有良好的体能、稳定的心理素质以及乐于助人的团队精神。

2. 常用装备

由于徒步穿越的地点区域、难度和强度、时间和路程长短以及所处的季节气候不同，所选择使用的装备器材也有较大差异。装备器材选择不当将使徒步穿越负荷过重，透支人员的体力；装备器材不全将危及人员的生命。因此，出行前必须对该地区进行全面、仔细的了解，以便决定选择什么样的装备。

（1）公用装备：帐篷、炊事用品（炉具、燃料、饮具等）、绳索（视情况选择携带）、专用工具（砍刀、手斧、行军铲等）、公用药品（通用药、紧急救务药）、胶带、营地灯及其他集体专用器材（攀岩器材、登雪山器材等）、公用食品营养品、海拔表、指北针、温度计、地图。

（2）个人装备：背包、睡袋、防潮垫子、手套、帽子、换洗衣物、墨镜、头灯、水壶、个人的卫生用品、防晒霜、润唇膏、摄影器材、望远镜、笔记本、个人药品、打火机、火柴、餐具、干湿纸巾、便鞋或拖鞋、个人食品、其他杂品。

3. 基本要求及注意事项

（1）团队精神。集体穿越是考验团队合作的良好机会，只有集体中的每一位成员都朝着同样的方向努力，才可以获得成功，进而愉快且顺利地达到穿越的目的地。①集体穿越前，应当对团队成员的职责进行明确分工；②集体穿越前应当推举一位队长，并赋予其一定的权力；③当集体穿越人员较多时，队形要保持好，以防走失；④徒步装备以及背负任务应根据成员的体能及性别科学地分配，以保证行进速度。

万一遇到严重的意外事故，则要根据具体情况调整穿越计划，千万不要鲁莽向前。

（2）体力分配。在徒步穿越中，体力分配至关重要。在行进过程中，徒步穿越最好匀速，防止兴奋时快速前进，疲劳时缓慢行进。一般情况下，如遇上坡路段，每半个小时则需要休息 5 ～ 10 分钟，如遇下坡路段，每小时需要休息 10 ～ 15 分钟，也可以根据成员体能的消耗情况随时调整计划，宁可将穿越的时间延长，也不要过度透支成员的体力。

（3）方向判定。出行前应当尽力收集活动地区的地图资料，初步了解整个行程路线和明显的标志物，最好运用等高线地图分析预定路线以及方向。①可携带较准确的指北针和海拔表；②携带地图和资料并将其保存好；③携带信号笔、扑克牌，以预备在迷路时做路标记号；④如果穿越地区的地质、地形条件复杂，了解不充分时，最好请一位有经验的向导带路。

（4）防潮防水。在雨季或雨水比较多的地方进行徒步穿越时，要特别做好防潮防水工作，无论是衣物还是电池等都应当密封好，并且进行良好保存。①帐篷应当选择三季账或者四季账（不可以用专用高山帐）；②用背包罩或塑料布对背包进行遮盖，即便拥有防水功能的背包也应当这样做；③填装物品时，应先用密封袋或塑料袋进行包裹，这样不仅能够防水还有利于对物品分类；④经济条件比较好的徒步者可以准备登山鞋以及防水冲锋衣裤。

（5）火源。徒步穿越时，必须带上不低于一种的火源，比如火柴、打火机等，如果条件允许的话还可以带上气罐以及野营气炉。生火时一定要注意生火的地方是不是禁火区，在生火之前应当先把干燥的细柴置于用石头堆好的灶底上，然后再向上面架粗柴，把细柴点燃后用力吹火。假如碰到下雨天或者柴火不干燥的情况，则可以将粗木劈开将里面的干木砍细之后作引火用。

①在生火的时候一定要关注风向，千万不要将火堆置于帐篷的上风处，而且还须留有一定的距离；②离开时必须检查火是否已熄灭。

（6）饮水。在短途徒步穿越前，须带一定量的水，按每个人每天 2 升水的量准备。穿越的过程中还可以在路过的水源地取水，需要注意的是千万不要在有动物尸体或者其他污染物的水源取水。如果所取水源的水质不好，有泥沙的话，则要先对其进行沉淀，10 分钟以后才可以喝。如果所在地区蚂蟥比较多，则需用使用透明容器盛水，以便看清楚水里面是否有蚂蟥。①在水资源比较紧张的地方，一定要按照计划合理分配所携带的水资源，除非遇到情况特殊，不然在没有找到新水源的情况下切忌将自身携带的水喝光。②在野外取水后，如果条件允许，一定要将水煮沸 5 分钟以后再饮用；如果条件不允许，则可以用过滤器或净水药片净化水源。③如果要在水资源不足的地方进行长时间的活动，那么还须掌握其他野外取水办法。

（7）露营。仔细观察周边环境，选择既安全又避风且平整的高地安营扎寨；切忌将营地扎在河边，除非能够确定当前该河处于枯水期；①在营地附近最好有水源，这样取水更方便一些；②如果需要生火，则要看看周边有没有柴火；③一旦遇到下雨天气，则应根据实际状况在帐篷周边挖排水沟；④如遇大风天气，定要将帐篷固定，确保安全之后再休息；⑤最好将贵重物品以及相关衣物和食品等放到帐篷里。

（8）野外药物。出行之前一定要将相关药物准备好，比如清凉油、红花油等，去蚊虫比较多的地方，还可以带上杀虫剂；打绑腿可以有效防止蛇虫鼠蚁对自己腿部的攻击。另外，如果在自身出没的地方有毒蛇遗留下踪迹还需要准备蛇药。①当遇到大型野生动物，比如犀牛、熊等，千万不要大声叫喊或者四处乱跑，唯一的办法就是保持镇定；②所有毒蛇中只有很少的一部分才会对人发动主动攻击，大部分只有被触碰到或被踩到时才会主动发动进攻；③如果不幸被毒蛇咬伤，一定要根据相关处理程序进行处理，只有拥有良好的心态才能提高自身生存概率。

（9）营养补充。徒步穿越的时间较长，则会消耗很多体力，排出很多汗，如果不及时补充营养则常常会导致盐分严重丢失，甚至出现电解质失调等状况。①携带部分能量比较高的营养食品，比如牛肉干、巧克力以及花生米等；②带上维生素片，每天吃上一些；③每天需对自身盐分进行补充，比如可以从榨菜等食物中获取；④果珍是较好的电解质平衡饮料，方便携带，可随时补充。

（10）保暖。部分地区昼夜温差较大，比如沙漠、高原以及山区等，在该地区务必注意保暖，特别是在自己出了很多汗以及晚上睡觉时。

充分了解所在地区的最低温度，一旦衣服和相关物品被打湿，要尽快换上干的内衣，如果有条件，可以穿上部分快干面料的衣服。在寒冷地区一定要注意对备用电池进行保暖。

在徒步穿越中，要尽量防止疲劳，防止脚上打泡，还可以经常用热水泡脚，消除疲劳，恢复体力。另外，鞋和袜子一定要合适，不能太大或太小，尽可能穿旧不穿新。

（二）基本技术

1. 山地行走

行走于山地之间很容易就会迷失方向。为了防止方向迷失，有效提升行进速度，应当尽量遵循不穿林翻山、不走小路走大道的宗旨。在山地行进时，如果感到疲劳一定要适时地进行休息；切忌等累倒了再休息，否则恢复体力会非常困难。那么怎样做才是正确的呢？那就是要先大步走上一段路，然后再慢慢地放缓脚步，慢慢地走上一段，或者大步走上一段之后休息一会，对自身呼吸进行调整。如果站着休息，可以不把身上的包放下来，用一根木棍支撑一下包，以减轻自身负重。假如天气比较寒冷，切忌在石头上坐着休息，否则石头会将身体的热量吸走。

（1）无道路可走。假如没有现成的道路可以行走，那么可以选择在纵向的山脊、山梁以及山腰，河流小溪的边缘以及拥有比较大的空隙、树林比较稀疏、地势较高且草丛低疏的地方行走。除非遇到特殊情况，切忌走草木茂盛的地方，尽可能走梁不走沟，走纵不走横。

在行进的过程中不可以违背大步走的原则。假如扩大了步幅，三步并两步，这样走几十公里则可以少走很多步，同时节省不少体力。

俗话说得好“不怕慢就怕站”。如果非常疲劳，切忌停下来，可以通过慢行放松，但到了比较累的时候，还是要休息一小会儿，时间不要过长，否则就会产生不想走的念头。

（2）碰到岩石和陡坡壁。对于登山者而言，攀登岩石可以算其掌握的一个主要技能。攀登前要细致观察岩石，同时了解岩石的硬度及其风化的程度，之后再确定方向以及行进路线。

“三点固定法”（两脚两手共四点）是攀登岩石最基本的方法，即固定了两手一脚或两脚一手后再移动第四点，手和脚之间要协调配合，进而使身体重心慢慢提升。避免蹿跳以及猛进，防止两点同时移动，必须既稳又轻又快。从自身的实际情况出发，选择最合适的距离和最稳定坚固的支点，切忌跨步太大，抓太远的点。

（3）遇到草坡和碎石坡。在山间的地形中分布最广泛的就是草坡以及碎石坡。攀登 30° 以上的山坡时，一般采用“之”字形上升法横上斜进。当穿越草坡的时候，记住不要随便抓树木，攀引草蔓，以防止将其拔断之后使人摔倒。

行走于碎石坡上，脚要踏实，抬脚要轻，以防止碎石滚动。如果不小心摔倒了，第一时间要做的是面朝山坡，张开双臂，切忌面朝外坐，同时把两条腿伸直，将脚尖翘起来，进而上移身体的重心，以达到降低滑行速度的目的。

（4）山地雨季行进。远离低洼的地方，比如河溪以及沟谷，这样可以有效避免遇到塌方和山洪。如果碰到雷雨天气，应当即刻到地势相对较低且草被稠密的灌木丛中，切忌在大树底下躲雨，因为大树时常遭受电击。此处，尽量不要撑金属材质雨伞，或随身携带金属器械。如果碰到恶劣的天气，比如风尘、强风等，应当立即停止行进，如果附近有山洞可以躲入其中，直至天气好了再继续。

2. 沙漠行走

沙漠是一种被沙子或砾石广阔覆盖的地貌，它的特点是降水少，烈日酷暑，昼夜温差大，植物稀少，有些地方甚至没有植物，地表的矿物质含量高，经常发生沙尘暴。因此，在沙漠中行走十分困难。大漠荒凉但十分美丽，处处蕴藏着危险，因此沙漠探险者除了拥有一定的勇气和体力外，还要有丰富的野外生存经验。

（1）选择一双合适的鞋子，穿着要舒服，外面还要加上防沙套（或鞋套）。

（2）学会用双杖走路。在沙漠中负重前行，会对膝盖带来非常大的压力，而如果用双杖辅助行走的话，能够有效地减轻行走带给膝盖的压力，并节省体力。

（3）不要怕走弯路。在一眼看不到边的大漠里，并非处处平坦，常会遇到沙山或沙丘，这时一定要绕行，不要硬上陡坡，要远离背风面松软的沙地，尽可能在沙脊和迎风面上行走，因为迎风面常年遭受风蚀，相较于背风面要坚实一些，所以行走于其上会更加轻松。如果有驼队的话，踏着骆驼的蹄印走，可以节省很多体力。行走要慢，每小时可以休息 10 分钟，一般情况下在一天的时间里直线行走距离最好不要超过 20 公里。

（4）昼伏夜出避高温。白天太阳直射沙漠，沙漠表面温度很高，甚至可以把鸡蛋烤熟，人在沙漠中即使不动也会消耗很多能量。晚上，沙漠表面的温度骤降，适于动物活动。

3. 穿越丛林

在丛林中穿越，应当找到阻碍最小且最为安全的路线。在选择路线时，应着重考虑天气、环境，还有地形等因素。

（1）阻碍最小的路线常常是水路。如果可能的话，应当尽可能避免越野穿行，最好找到一条溪流，沿着河流从上游向下游走，一直走到水域比宽阔的地方再安营扎寨。

（2）朝着溪流向下游前进，多会绕路、涉水或从植被比较密集的地方通过。即便在陌生的野外，也可朝着溪流向下游前进，人们往往逐水而居，所以有水的地方往往有人居住，而且有溪流的地方不仅有水而且还有吃的。除此之外，还可以制作小船于溪流中行进，可有效节省体力。

（3）一旦遇到危险的蛇，必须快速躲开。尽可能远离昆虫，最好能与其和平相处。

（4）在热带丛林中，因为树木藤蔓比较密集，遮天蔽日，常常无路可走，所以需要用砍刀等工具辟路。如果挡路的是横竹，可以两刀砍成三段，将中间部分去掉；如果挡路的是直竹，可以一刀砍下去，拨到一边就行。竹干较硬，砍时，力求一刀一棵。遇到小竹子时，应采用分、压、拨、钻方法通过。穿越茅草地时，也可用砍刀开路法：不过头，分两边，从中走；不见天，砍个洞，往里钻。刀具的刀把一定要足够长，在开路方面应记住如下口诀：刀磨快，把握好，三砍两拨就成道。行走于丛林中，一个最好的行走办法就是顺着大型野兽的脚印走，这样在行进的过程中就能有效避免一定的危险，比如掉到沼泽中等。

（5）在丛林中行进，为防止虫咬等，必须穿靴子，且扎紧裤腿和袖口，并戴上手套。为了防止毒蛇等的袭击，在行进中切不可用"打草惊蛇法"，还要观察树上有无毒蛇。坐下休息时也应先仔细观察后方可坐下。当遇到毒蜂时不要惊慌，就地蹲下，用雨衣遮住皮肤暴露部位，也可燃烟驱赶或跳入水中。在丛林中行进时，脸部保护很重要，尤其是眼睛。

（6）在丛林中行进，要将每天的行程进度策划好，必须留有足够的精力、时间搭建既舒适又安全的营地，以保证充足的休息和睡眠。务必白天在丛林中行进，除非情况不允许。

二、登山与攀岩

（一）登山探险

登山是一项在特定的要求下，自海拔比较低的地方向海拔比较高的山峰攀登的体育活动。登山分为三类，分别是登山探险（也被称高山探险）、竞技攀登（如攀冰、攀岩等）、健身性登山。这里主要讨论高山探险。

1. 基本知识

（1）登山探险的含义。登山探险运动面对的往往是海拔 3 000 米到 4 000 米且终年覆有积雪的山峰，并非运动员（成队）之间比赛或对抗，而是运动员（成队）与恶劣的自然环境之间的抗争，是人们自身顽强生命力与大自然恶劣的生存环境两者间的一种较量。运动员进行登山探险活动时常常遭遇各种问题，比如低温冻伤、氧气不足、地形陡峭，还有因此而出现的诸多困难。评价一次登山探险活动是否成功，并非从一般意义上的速度、时间以及技巧等方面判定，而重点考评山峰高度、探险难度以及对战术组织运用的独特性和科学程度。

（2）装备器材。

贴身内衣：应选择排汗性佳的贴身内衣以保持皮肤干燥。

保暖层：所能包住周身的温暖空气，包住的空气越多，身体就越暖和。

外衣：选择能防风、防雨、防晒的外衣。

头套：头部是一个很重要的部位，要注意保暖，一般要带上几种不同的帽子，以备使用。

手套：可根据不同需要和不同场合使用分指或并指手套。

登山鞋：必须选择坚固、够硬、舒适且有良好平衡性的登山鞋。可选用典型的皮制登山鞋。

袜子：一定要选择吸汗、柔软的袜子。

绑腿：应选择可以封住裤管和鞋子间缝隙的绑腿。

背包：登山者一般有两个背包，一个是单日用小背包，里面装一天来回所需的物品；另一个是大背包，可以容纳野外露营过夜的装备。

登山帐篷：要求轻便、容易搭建，根据实际情况选择适合自己的帐篷，以防风、雨、雪、沙子。

睡袋：在野营中主要起保暖作用，如果与防潮垫子一起使用，效果更好。

炉具：要轻，安装简单、方便。

（3）技术装备。

在登山运动中，大自然中的各种不利因素都会对登山者构成威胁。自该运动诞生起，人们就开始着手研究可以为其提供方便以及安全保障的器械和装备。

登山绳：这是在登山过程中必须携带的常用工具，分为弹性绳、静力绳。

安全带：安全带有两种样式，一种是可调式安全带，一种是不可调式安全带。

保护器：在下降过程中凭借其和保护绳之间的摩擦力降低操作人员的握力。常见的比较好的保护器有 8 字环、管状保护器和自动保护器。

铁锁：铁锁用途十分广泛，可以用来连接攀岩安全带的扣环，也可以保护系统里作为刚性连接。铁锁多种多样，有 O 型铁锁、标准 D 型铁锁、改良 D 型铁锁、弯口铁锁、铁线闸口铁锁、标准有锁铁锁、梨型有锁铁锁。

快挂：登山并不需要太多的铁锁，但一套好得快挂却非常关键。标准快挂的长度为 10 ～ 16 厘米，多用于卡住螺栓。

镁粉及粉袋：主要用来防止手出汗出现手滑现象，也可用来吸收岩壁表面的水分，以增加摩擦力。

螺栓：登山过程中一般都会用到膨胀螺丝。用工具在螺栓头处加力，能将螺栓拧进螺套中。它有足够的承受力。

挂片：伴随登山探险运动的流行，很多新式螺栓挂片诞生，比如初级挂片、手工挂片以及专用挂片，应根据不同用途选择不同的挂片。

岩盔：主要起保护头部、避免砸伤或撞伤的作用。

上升器：在单绳技术中用于解决向上运动的装备。分左手握和右手握两种，适应不同用手习惯的攀登者。

（4）特殊技术装备。在登山过程中，经常会遇到海拔较高、覆盖冰雪的山峰，攀登这种山峰必须有特定的装备，如冰斧、冰爪、冰镐等。

冰斧：一种简单的、用途广泛的工具。在雪线以下，冰斧可以作为登山杖，也可以在下坡的过程中协助制动。但其最主要的功能依旧是帮助行走在冰雪之上的人保持平衡，在滑落的过程中能有效阻止不断下滑。

冰爪：它是一些金属鞋钉的组合，绑或套在登山鞋底，可以顺利刺入硬雪或冰面。光凭登山鞋无法产生足够的摩擦力，因此要根据不同用途（如登山用途、技术冰攀用途）而选择不同的冰爪。

根据使用方式冰爪可分为苏格兰式、两条束带式、四条束带式、快扣式以及混合式。

标志杆：在能见度低的恶劣天气中或身处危险、复杂的地形中，登山者通常会在路上插上标志杆作为记号，以便回程时辨识。标志杆也可用来标示潜在的危险，标识无绳索行进的安全边界或补给品的掩埋地点等。

滑雪杖：它不只限于滑雪时使用，无论穿熊掌靴徒步健行，还是使用滑雪板滑行，都可以用滑雪杖。有些滑雪杖可以调节长短，使用范围更广。

熊掌鞋：它是人们雪地行进的传统辅助工具。熊掌鞋不但更稳固，更易使用，而且能增加摩擦力，减少滑落的可能。

滑雪板：在雪地行进时，滑雪板可以为行进带来方便，而且可以让登山者到达某些难以到达的地区，包括通过冰桥、冰河裂隙地带，甚至救难时可以作为临时担架或雪橇。

雪铲：对雪地登山者而言，一把宽面的铲子是工具，也是安全装备。如果有人被雪崩埋住，这是唯一可以把人挖出来的实用工具。它还可以用来挖掘雪地避难所，建造搭帐篷的平台，甚至可以在雪特别厚的路线上作为登山工具。

冰螺栓、冰钩：它们是攀冰过程中经常用到的固定装置。

2. 基本技术

登山活动是户外探险运动中常见的、基本的活动，而且其技术要领也很复杂，要求也很高。

（1）结绳技术。绳结能帮助：人们发挥绳子的许多特殊用途。例如，将攀登者连接到绳子上，连接在山壁固定点上，连接两条绳子以供长距离垂降使用，利用绳环攀登而上，等等。

登山爱好者要会使用多种基本的绳结与套结，必须经常练习，做到熟能生巧。有些方法和技巧适用于所有的绳结。不常使用的那一端被称为静止端，另一端称为活动端。将绳子反折 180° 形成的小圈被称作绳耳。套结指必须绕在一个物体上才能发挥功能的绳结。双绳结由两条绳子或同一条绳子的两个绳段结成。绳结必须打正确、打紧，保持绳子的平顺，最后在活动端打个单结固定好。应养成经常检查绳结的习惯，尤其在开始上攀式垂降前。

单结：常用于打完绳结后固定活动端。打法是将活动端绳头穿过绳圈。

双单结：常用于结冰状况下的垂降。抓住两条绳子的活动端，打出一个基本单结，便可用于双绳垂降。

单结绳环：常用于在普鲁士绳环上打出绳环，在双绳或一段伞带上打出一个绳环。抓住绳圈打出一个基本单结，而不是使用活动端绳头打结。

水结：常用于把一段管状伞带打成带环。但会随时间延长而变松，因此务必拉紧，常检查。

平结：常用于绳子盘妥后的收束，也可用于垂降绳结。

渔人结：常用于连接两条绳子。交叠两条绳子的活动端绳头，各自以绳头在另一条绳子的固定端上打出单结。

双渔人结：它是把两条绳子的绳端绑在一起制作垂降用的非常安全的绳结，又称葡萄藤结。它比编式 8 字结更受欢迎。

8 字结：这是很强韧的绳结，受力之后也很容易解开。

编式8字结：它非常适合用来连接绳子与吊带，可在绳子尾端打上一个单结，也可用来将绳子连接到固定点上。

单称人结：可在登山绳的尾端打出不滑动的绳圈，可绕过树干或其他固定点以保万无一失。绳尾应穿过绳圈自内侧拉出，若自绳圈外侧拉出，绳结不牢固。最后打个单结收尾。

双称人结：位于三人绳队中间位置的攀登者可使用双称人结用于连接绳子与吊带，末端的绳圈用单结或附保险的钩环固定，用铁锁更好。

优胜美地称人结：和单称人结大致相同，但绳尾重回绳索缠绕，直到与主绳段平行为止。该结受力之后极易解开，适合上方确保式攀登使用。

蝴蝶结：可承受两端绳头或绳圈端的拉力，不易松开，可用有锁钩环穿过绳圈与他物连接。

双套结：可以很容易把绳子扣入铁锁，与固定点连接。

（2）保护技术。保护登山者生命安全的重要技术，也是一种登山专业技术。在攀登、下降的过程中，登山人员为了保证自身生命安全，需要配合使用各式各样的技术。根据使用的场所及范围，保护技术一般可分为固定、行进和自我保护三种。

固定保护技术。这种保护技术主要用于攀登危险性大的岩石峭壁、冰壁等路段。它可预先对攀登者进行专门保护。

交替固定保护：在通过危险地段时，一个结组内只能一个人攀登，其他人保护。保护者要做的第一步就是将钢锥或冰镐打入冰面或斜坡上，将其作为一个固定支点，之后根据某些要求将主绳缠于冰镐或钢锥之上，攀登者走过主绳后，停下做保护者。就这样一次一次向前行进。

下方固定保护：当第一个人开始攀登时，其上没有人保护，保护者在其下方，这时采用的方法是将主绳的一端固定在保护者附近，另一端与攀登者连接。

上方固定保护：当保护者位于攀登者之上时，保护者将主绳牢牢固定在已打入固体的钢锥或者自然物体上，之后再将自身固定到主绳的一端，避免攀登人员在滑落时被带动，最后将主绳另一端和攀登者连接在一起。

固定式保护根据保护者的姿势可分成坐式保护法、站立式保护法以及器械保护法。

行进保护。进行保护指在行进过程中不设专人保护，一旦遇到险情，攀登者凭借保护装置进行的一种应急保护。

自我保护。无论行进保护还是固定保护都无法在攀登者出现失误时为其提供足以信赖的保护措施。攀登者应尽可能运用各式各样的设备器材进行自救。

（3）下降技术。坡度小于 45° 的峭壁、山坡或雪坡的危险系数不大，因此位于其上的下降者一般不需要特别的保护技术，依靠冰镐就能自行下降，而当坡度大于 45° 时，则通常需要采用以下方法。

三点固定下降法。该方法主要用于岩石作业。在该方法中下降者先固定好双手和双脚这 3 个支点，然后移动第 4 个支点。采用三点固定下降法时一定要设上方固定保护。

器械下降法。这也是最常见的下降方法，一般有以下几种下降法。

运用下降器下降。运用牵引结把主绳的一边固定于峭壁顶上，另一边扔到下面。下降的人将安全带系于腰部，将铁索挂于腹部，主绳以“8”字形在下降器上缠绕，然后再与铁索连接。下降的人左手握紧绳子的上面，右手于胯后牢牢握住自下降器穿绕而出的主绳。下降的人面朝岩壁，两只腿分开成约成 80° 角，用脚蹬住崖棱，整个身体向后坐，躯干和下肢之间保持 100° 角，把上面的主绳搭在岩棱上，然后慢慢下降。

单环结下降。如果没有下降器，可将单环结与铁索连接，同样可以起到下降器的作用，而且它的动作要领和下降器一样。

坐绳下降。面朝固定绳端，两只腿将上端已经固定的主绳夹住，并将主绳顺着右腿的外侧绕到前面，之后主绳再经过腹部、胸部、左肩绕到背后，拉到右边，右手握住，虎口朝上。其动作要领和使用下降器下降动作一样。这种方法最适合在只有主绳的情况下运用。对于初学者来说，胸绳上端（右手握绳处）打抓结更安全。

缘绳下降。主要适用于坡度近 90° 的陡壁，方法简单，将主绳固定在陡壁上，剩下的部分扔到山崖下，下降的人在主绳上打好抓结，然后将另外一头系于腰上的安全带上，顺着主绳一次接一次地向下倒手。在此过程中，手在捋下抓结的同时脚向下倒步，两只腿稍微分开些，保持身体平衡。

无论运用哪种方法，都应当注意以下几个方面：在下降的过程中一定要做好心理准备，消除自身恐惧，动作准确敏捷；找好下降路线，以坡缓支点多的路线为好，且越短越好；在下降的过程中应尽可能戴上手套，这样能有效避免绳索等将手擦伤。

（4）渡河技术。在登山过程中，常常遇到各种各样的河流。山地河流通常水急，水温低，河床坎坷不平。因此，要仔细观察，选好路线，一般选择水浅、水流平缓的地方。过河时最好穿上鞋，防止伤脚。如果河底是淤泥，可赤脚过河。

如果水深水急，则必须进行有保护的涉水过河，一般有以下几种保护方法。

徒步、涉水渡河。如果一个人渡河，可以找一个长点的棍子，撑着过河，注意木棍的应置于上游的一侧，和两脚成三点支撑。过河移动动作要慢，幅度要小。如果水流较急，可在腰上系保护绳，防止被水流冲走。

双人渡河。两个人面对面站着，彼此两只手搭在对方的肩膀上，进行侧跨步前进。需要注意的是两个人的步调务必一致。

多人渡河。可采用 3 ～ 5 人一组，站成横队，互搭肩膀面向对岸前进，也可几个人围成一圈，互搭肩膀朝着水流方向像车轮一样转动前进。

木筏子渡河。当遇到水面较宽、水深流急的河流时，可就地取材，制作筏子过河。

架设独木桥渡河。当遇到河面不宽而水深流急时，可选用较粗木材做桥过河。架设独木桥后选一个技术较好的人先过去，做好保护之后，再逐个过桥。

牵引渡河法。当在登山途中遇到水流湍急，河底多碎石，水温低、水深、不宽的河流时，可先将绳的一端固定在河岸的大树上，然后由一个人或绕道或从水中到河的对岸，之后把绳子的另一端固定在对岸的固定物上，并使牵引绳在两岸的固定点之间有一定的高度差，其他人可用滑车或铁索在牵引绳上滑行渡河。

水性好的登山者在夏天时可游渡。在冬季时，应将棉衣、裤、鞋脱下，过河后立即穿上，防止穿上潮湿冰冷的服装而冻伤。另外，最好在早上通过，因随着气温的升高，河流径流量将会增大。

（5）上升技术。当遇到陡峭的山坡、冰雪坡或者碎石坡时，为了降低直接上攀的危险系数和难度，可采用如下方法：①“之”字形攀登法，通过折蛇形路线可延缓坡度，安全上攀；②三拍法，这是攀登比较陡峭的雪坡时采用基本方法。在相对硬一些的冰雪坡上攀登时，可以两只手横握冰斧的两侧，把斧底钉插在斜坡上，然后用自己的脚尖用力将雪的表层踢破，进而形成一个支点，之后再把另一只脚抬到上面来，重复之前的动作。

（二）攀岩

1. 基本知识

攀岩运动是目前比较普遍的一项运动，攀岩人在不受外力协助的情况下仅仅凭借自己的身体力量向上攀登（松弛的绳子仅仅作为一种保护手段）。许多高校开设了攀岩课程。技能掌握的好坏是判断攀岩运动好坏的一个标准，也是提升攀岩能力以及水平的核心所在。除了要学会每个动作外，还要学会综合运用所有动作。

2. 基本技术

（1）脚的动作。除了攀登坡度大于 90° 的岩面外，攀岩者主要靠脚攀登，手的作用仅仅是自一个立足点向下一个点的过程中协助保持身体平衡。下面主要介绍一些比较实用的方法。

正踩、侧踩。主要有三种踩的方法，即外侧踩、内侧踩以及正踩。在踩点的过程中应当关注踩点的面积，踩点的面积并非越大越好，而是其上有没有能够发力的位置。

摩擦点。将鞋底的大部分面积压在岩面上，尽量增加摩擦力。用大脚趾发力。初学人员应当有意识地把力量置于踩点的脚趾上，尤其在身体悬空时这个动作特别有用。

脚后跟钩。就是用脚钩住支点，在有仰角线路的攀登中用得较多，在钩的过程中，伸腿、屈胸，向上直到脚能钩到支点，以保持身体平衡。

交换脚。在移动脚之前选定好脚点，应比手点低，这样有利于减少上体紧张感。无论站立时还是移动的过程中都必须保持脚的绝对平衡。在进行移动的过程中，应当把脚踝当作中心，进而减少上体的运动。

（2）手的动作。相较于脚的动作，手的动作要复杂得多，有着不一样的着手点和攀登握法。无论岩壁的角度如何，在攀登时都不要手握得太紧，而应当适当地放松，这样手就会相对灵活一些，以最小的抓握力使身体平衡并进行移动。

（3）裂缝攀登。裂缝攀登多数运用在自然岩壁的攀登过程中，技术运用是否合理、正确，直接影响着攀登效果。其最主要的基本手法有抓、挂、捏、拉、挤、撑等。

基本的脚法有蹬、钩、挂、塞、挤等。在裂缝攀登过程中，应根据不同的情况采用不同的手法和脚法，并灵活运用。

（4）下降。器械下降。下降的方法不止一种，而最为常见的办法即运用器械进行下降。主要运用主绳和攀登者身上的部分器械之间的摩擦对下滑的速度予以减缓及控制，并以此达到下降的目标。

利用下降器下降。把主绳的一头固定到岩壁的顶端，另一头扔到下面。下降的人把安全带系好，并将主绳以“8”字形状缠于下降器上，再连接好铁索和下降器，左手握紧绳子的上面，右手于胯后牢牢握住穿绕下降器而出的主绳。

下降之人面朝岩壁，两条腿分开的角度差不多为 80° 角，用脚蹬住崖棱，使自身的整个身体向后坐，进而令躯干和下肢之间保持 100° 角，把上面的主绳搭到岩棱上，然后慢慢地下降。在下降的过程中，臀部应向后坐，同时右手松绳子，两只脚伴随身体的下降快速向上移，进而使自身身体自始至终保持平衡。

单环结下降。该方法通过铁索与单环结的连接帮助攀登者下降。此方法和下降器下降方法是一样的。

绳索下降。该方法运用了主绳和身体之间的摩擦帮助攀登者下降。攀登者首先应面朝固定绳的一端，把身体后的主绳顺着右腿的外侧绕到前面，经过腹部、胸部、左肩绕到背后，拉到右边，右手握住。需要注意的是在握绳子的时候，虎口要朝上。其方法以及动作要领与下降器基本一致。

3. 雪地攀登技巧

雪地攀登时最重要的是预防滑倒或滑落，万一在雪地上滑落，必须在最短的时间内控制好自己身体的平衡。行走在陡峭的高山雪地里，必须学会一些方法保护自己的生命。

（1）冰斧的使用方法。

正确携带。携带冰斧时一定要小心，因为其利刃和边缘极锋利。不用时应将其插入背包的冰斧环中，柄尖朝上，束紧在背包上，再用保护套套住鹤嘴、扁头和柄尖。

握法。一种是滑落制动握法，即大拇指放置在扁头下方，手掌和其余四指在握柄头部握住鹤嘴。另一种是自我确保握法，即手掌撑在扁头上方，大拇指和食指垂在鹤嘴下面。使用自我确保握法，一旦跌倒，必须有能力迅速更换成滑落制动握法。

（2）自我确保动作。自我确保动作可以防止没踩稳或小滑落转变成严重的跌落。这时双脚站稳，然后将冰斧的柄尖和握柄直直地压入雪地。

在行进时，用手握住冰斧的头部，插一次走一两步。当滑倒时，一手抓紧冰斧的头部，另一手要握住露出雪面的握柄。如果自我确保动作失败，必须立即进行滑落制动。

（3）滑落制动。一旦跌倒滑落，生命安全就全靠制动技巧。

三、游泳

（一）基本知识

1. 游泳的定义

游泳是人在水的浮力作用下产生向上漂浮，凭借浮力通过肢体有规律地运动，使身体在水中有规律运动的技能。人类的游泳活动源远流长，它与人类社会的生产劳动、生活娱乐紧密相连。游泳的起源可以追溯到公元前几千年古埃及人潜在水中把手伸出水面猎取水鸟以及类似现代爬泳姿势的情景。在我国古代的诗歌总集《诗经》中也有描述古代人遇水“就其浅矣、泳之游之”的诗句。

游泳作为一项人类求生的本能，在数千年的历史发展过程中，由最早的简单的基本动作发展成了现代竞技体育运动项目。随着户外探险活动的广泛开展，游泳作为求生的本领，也越来越受到重视，甚至目前有些地区的中考也有游泳项目，有条件的地方孩子很小就开始学习游泳。

2. 基本功能

（1）改善人体呼吸系统，增加肺活量。

（2）提高人体心血管机能，使心脏体积明显增大，增加每搏输出量，促进血液循环，改善心肌供血。

（3）增强神经系统功能，通过水对全身的刺激，提高神经系统的灵活性。

（4）培养人的坚强意志和拼搏精神。

3. 分类

现代游泳运动丰富多彩，形式多样，按其开展的性质和目的可分为实用性游泳、竞技性游泳以及大众游泳三大类。

（1）实用性游泳。实用性游泳主要指直接为生活、生产、军事活动等服务的游泳活动，包括浮水、潜水、侧泳水上救护、武装泅渡等。

（2）竞技性游泳。①竞技游泳项目，根据国际泳联规定，奥运会有 32 项竞技游泳项目，世界游泳锦标赛有 34 项竞技游泳项目。②其他竞技项目，包括游渡海峡、长距离游泳、伤残人游泳、综合性竞赛项目等。③公开水域游泳，近几年在江、河、湖、泊等自然水域中举行的游泳比赛。④蹼泳，借助脚蹼、呼吸器在水下进行的游泳比赛。

（3）大众性游泳。大众性游泳主要指一种以强身健体、防病治病和休闲娱乐为目的的游泳活动。

4. 注意事项

（1）要了解水情，包括水流、水深、水下有无障碍物。

（2）游泳渡河的地点应选在水流平缓、水较浅、水清的区域。

（3）要做好防止抽筋的准备。因为户外探险往往在一些山区进行，流动的山水温度较低，在水下游泳的时间一长，很容易发生抽筋现象。

（4）在野外探险过程中，要尽量减少游泳的概率，能不游尽量不游。

（5）在野外游泳，不能单独行动，尽量结伴而行，一旦发生意外，同伴可立即进行救援。

（6）切忌在晚上进行野外游泳。

（二）基本技术

在户外探险时经常会遇到水，而且水的状况十分复杂，这时游泳应以实用性游泳为主，不是以竞技为目的。比如，要游过一个水潭，涉过一条河流等。因此，在这里重点讲实用性游泳中浮水、潜水、侧泳、泅渡的动作要领及技术。

1. 浮水

浮水的宗旨是让人不沉入水下。

（1）首先进行水中闭气练习。要求在练习时深吸一口气，下蹲使头部浸入水中，屏住呼吸坚持一定时间。

（2）进行浮体练习。①抱膝浮体。原地站立，深呼吸后闭气，低头团身双手抱膝，背部露出水面，停留片刻。站立时双臂前伸，手掌手臂向下压水，同时两脚向正下方伸展。②展体俯卧漂浮。在抱膝浮体的基础上伸展身体，使身体俯卧漂浮水中。起立方法同上。③当仰卧时，深吸一口气，四肢张开，如果此时身体不下沉，即完成了浮水动作。

2. 潜水

潜水指整个身体都沉入水中，以某种特定姿势，使人体向特定方向移动。在学会了浮水和漂浮技术的基础上，人利用手及手臂的划水及下肢的蹬伸作用，便可在水下游进。

3. 侧泳

（1）侧泳是指人体在水中以侧卧形式，双臂交替划水同时两腿做蹬剪水的游泳姿势。侧泳时头部露出水面，正常呼吸。这种游泳姿势易学，尽管游进速度不快，但很实用，也是户外探险中常用得比较简便的游泳方式。

（2）技术动作要领：双手划水与两脚蹬剪水同时进行，手掌要充分展开，蹬脚时要钩脚尖，使划水和蹬水的效率最大化，为游进提供最大动力。这种姿势还适用于水浪较大的水域。

4. 泅渡

泅渡最早指武装泅渡，身背武器、背包渡河。泅渡包含多种动作，如仰泳、蛙泳、侧泳等。在户外探险中，人员往往要负重前行，但重量不能过大，否则浮力小于重量时，人体就会沉入水中，无法呼吸。当重量过大时可分多次渡河。

第三节　户外探险运动的组织与实施

一、户外探险运动的组织原则和前期准备工作

（一）组织原则

1. 安全性原则

开展任何户外探险运动，首先要考虑的就是安全。没有任何伤亡事件的发生就是组织者组织本次活动的最大成功，也是能否继续组织类似活动的基本前提，因此安全教育和安全方面的准备工作是必不可少的。活动开始前常规的体检是必需的，尤其对于首次参与人员或特殊群体（青少年、中老年人或残障人士）来说非常重要。有重大疾病史或高血压、心脏病等的人员尽量不要参加户外探险运动。户外探险运动线路的选择、探险难度的大小以及参与者是否具备足够的户外探险运动经验是组织者必须掌握的第一手资料。

2. 计划性原则

凡事预则立，不预则废。对于户外运动来说更是如此。详细周密的计划是能否顺利完成活动的基本要素，也是全体成员从思想上和物质上准备活动的主要依据。计划越详细、越周密，活动获得成功的可能性就越大。因此，组织者应全方位地考虑好各方面的事项。盲目的或计划不周的户外探险活动是导致活动出现混乱或失败的最主要原因之一。

3. 经济性原则

户外探险运动的成本是相当大的，经济性原则主要体现的是少花钱多办事、

办好事。一方面组织者要精心设计线路和活动内容并比较精确地做出预算；另一方面组织者要善于挖掘每一个参与者的资源，充分利用他们的人际关系解决活动中可能遇到的各种问题。这一方法在以往的实践中被证实是非常有效的和可行的。

4. 灵活性原则

事物都处在发展和变化中，任何一次户外探险活动不可能总是一成不变的，完全按组织者的意愿进行，因此要求组织者必须有相应的预案应对可能出现的各种问题。及时、果断地调整计划是完成户外探险活动的重要保证。特别当遇到天气和自然环境突然发生变化时，灵活性显得尤为重要。

5. 遵纪守法原则

遵纪守法是每个公民的义务。每个成员在参与活动期间，既要遵守国家的各项法律、法规，也要遵守团队的纪律和当地的民俗。在遇到突发事件时，每个成员必须以大局为重，一定要少数服从多数，绝对不能脱离组织，单独蛮干。

6. 环保性原则

环保和低碳是当今社会生活的主流。在组织户外探险活动时，组织者必须告诫每一个成员要有环保意识和低碳意识，杜绝做任何有损环境、污染环境的事。这同时反映出一个团队的基本素质。

（二）前期准备工作

1. 制订计划

在进行户外探险运动前，要制订好详细的计划，并写出正式的书面计划，不可以盲目外出，尤其是带有探险性质的户外活动。

（1）活动时间表计划书的内容。从出发到返回的具体时间安排，包括作息时间。活动的参与者及时了解信息，就能根据自己的实际情况合理地安排工作和生活。活动时间的安排一定要细化到每天的每个单元。组织者一定要考虑到天气和道路情况可能延误的时间。对于现在流行的自驾游来说，这一点非常重要。

（2）活动的主要目的。户外探险运动一方面是为了到大自然中放松身心、陶冶情操、增强体能、磨炼意志、突破自我、提高生存能力；另一方面还能接受爱国主义教育，培养团队精神，增强环保意识。因此，针对不同的对象，活动的主要目的各不相同。每次活动最好有 1 ～ 2 个明确的主题，从而使活动更有意义。

（3）活动相关地区情况简介。每一次户外活动前，组织者都应将目的地区域相关的人文、历史、自然、地理、气候、民俗、特产等向参与者进行简单介绍，以便参与者从多方面了解本次活动的目的和意义，同时为参与者提出意见和建议，为挖掘参与者的资源和潜力提供平台。这一点对在当地节省时间、解决住宿、寻找向导都有很大的帮助。

（4）活动的性质和主要活动内容。活动的性质主要有郊游、拉练、采风、寻宝、探险等；内容是指具体的活动项目。每个活动的参与者都可以根据自己的喜好，决定自己参加活动的着重点，从而使自己的收获更多，且不留遗憾。

（5）活动的经费来源及使用预算。通常有两种办法筹集经费：一种是单位集体组织的户外活动，经费全部由单位提供，因此不需要向参与者详细分析经费的使用情况；另一种是以俱乐部形式组织的户外探险活动，经费主要来自参与者个人，这就必须事先对经费的使用做较为准确的预算，并约定经费的负担方式。从市场的情况和今后的发展趋势来看，AA 制是最流行的也是户外运动主流的筹款方式。

（6）活动所需物品。详细列出本次活动所需的装备，给足时间让参与者准备个人物品（如食品袋、睡袋、鞋子、服装、盥洗用品等）；公用物品（炉具、帐篷、营灯等）可以临时租用；专业用品（如绳索、安全带等）应由组织者提供。

（7）安全须知及纪律要求。安全教育是必不可少的，纪律要求也是必需的。因为户外环境有很多不确定因素，没有严明的纪律保障无疑会增大户外活动的风险或者耽误大家的宝贵时间。一旦安全上出了问题，则意味着本次活动组织失败。

2. 队员的招募与培训及心理准备

（1）队员的招募。招募队员的方式多种多样，没有统一的形式。目前，主要有这几种形式：同一单位的同事、同学，老熟人、老朋友，通过网络招募的队员。不同方式招募的队员，在年龄、职业、兴趣、文化层次等方面有明显区别，因此对活动目的和内容的要求也不一致。例如，通过网络招募的队员大多为思维活跃、性格外向、追求新奇的年轻人，他们大多文化层次较高，渴望在与大自然亲密接触中体验惊险，追求刺激，挑战自我。

（2）培训及心理准备。基本能力的培训内容在本章第二节已经介绍，这里简单介绍一下心理准备。心理学家调查了大量在野外碰到危险最终成功生还的案例之后发现，能够生还的一个最大的因素往往并非技术，而是心理因素。在野外探险时遇到的主要问题有恐惧和焦虑、烦躁和孤独、受伤和疾病、饥渴和劳累、严寒和酷暑。从中可以发现，心理因素是非常重要的，心理训练必不可少。

很多实例说明，许多野外工作者或爱好野外活动的人具有乐观、向上、大度、积极、勇敢等特征，思维大多比较活跃，工作大多比较高效。有专家认为，野外活动能优化人的性格，生存训练可以提高人的心理素质。

3. 做好安全应对预案

任何户外运动都以休闲、娱乐、锻炼为目的，其中安全最为重要，保证所有参与者的安全是第一位的。因此，相应的安全预案就显得尤为重要。接下来从以下几个方面简单介绍安全预案应考虑的内容．

（1）从活动内容本身考虑。任何活动都有一个主题或主要目的，因此组织者要根据主题和参与者的具体情况合理设计活动的项目。所有项目都要因时、因地、因人而异，项目的难度宁低勿高，以免发生意外。

（2）从户外饮食方面考虑。户外的卫生条件是很有限的，而一日三餐又是必需的，因此保证每位参与者的饮食安全是非常重要的。根据活动时间的长短（主要指活动天数）合理搭配营养。

（3）从医护方面考虑。每次活动时最好能有医护人员参与，在发生小意外时能及时做一下简单处理。同时，应该准备一些简单的、常用的药品（如防暑降温类、抗菌类、止泻类、酒精、红药水、纱布、绷带、云南白药气雾剂、伤湿止痛膏、创可贴、体温计、血压计、听诊器等）。

二、户外探险运动实施过程中的管理

（一）营地管理

1. 建立健全制度，落实安全措施

（1）组建安全管理队伍。营地必须构建健全的安全管理队伍，还要配备必需的应急设备和防卫设备，同时对有关队员进行相关的技能培训。活动的组织者应事先挑选优秀的队员，进行专门训练，提高应对突发事件的能力，并成立安全防卫小组。

（2）建立健全的营地管理制度。该制度包括营地安全防范措施、突发事件的应急方案等。落实通宵巡逻制度。因为露营的人在进行了一天的活动后，已十分劳累，夜间就没有那么强的防范意识，对于事故的敏感性也不会太强。然而，夜晚相较于白天更易发生事故，比如遭遇野兽攻击等。因此，为了确保露营人员的安全，强化夜间管理是必然的，安排队员通宵巡逻或值班。

（3）明确营地纪律。为了使参加野营活动的人充分享受到冒险的乐趣，集体一定要有一套所有成员一致认同的活动原则以及组织纪律，不然，可能会出现严重的后果。在行动之前，一定要对相关的注意事项还有活动纪律予以明确。虽然各个驴友或团队的规则都是不一样的，但大体上可总结为如下几部分：民主协商、一人指挥，集体服从，团结友爱，大公无私，相互尊重，文明旅行、集体行动。

2. 露营地的有关规定

（1）搭建起来的帐篷的进口和出口一定要处于关闭状态。平常就要养成好的习惯，在将其收起来时也一定要记着把帐篷口封闭好，以防止蛇虫鼠蚁跑进去；在进出帐篷也需要注意这一点，否则到了晚上睡觉休息时可能会被意外进来的动物影响。很多人在外扎营的时候，常常会打开帐篷口聊天，导致很多小昆虫无意飞入，到了夜晚需要休息时，必然会受影响。

（2）在帐篷里休息时一定要把自己的各种装备按照一定的顺序摆放好，比如登山的徒步鞋，在摆放的时候应将其脚尖朝外。夜晚休息的时候只需要将必需的东西比如睡袋还有枕头拿出来，别的东西一定要在背包里面放好，放到帐篷口的外账檐中，一旦在夜晚遇到紧急情况，起来就可以拿东西直接走，速度会非常快，效率会很高。

（3）在睡觉的时候一定要养成一个好习惯，将头灯置于伸手就能够到的地方，把匕首放到自己的枕头底下，因为在野外很有可能遇到一些大型的野生动物等，一旦发生意外，就可以迅速把头灯戴起来，打开视野，手握匕首迅速跑到帐篷外面。如果情急慌乱之下无法打开帐篷，可以用匕首将帐篷划开，非常方便快捷。

（4）在外野营的时候必须严格遵循领队所安排的作息时间和值夜制度。队员休息之后，所有人应控制自己的讲话音量，避免做出大幅度动作或者发出比较大的声响，以保证别的队员良好的睡眠。

（5）在夜晚，包含值夜交班的这段时间，如果还没有轻声将帐篷里面的队友唤醒，是不允许将队友的帐篷拉开的。如果在没有通知对方的情况下就把帐篷拉开，帐篷里的队友往往会觉得自己遭遇危险，甚至会将外入者当作猛兽进行防御，进而出现意外事故。

（6）团队全部的帐篷都是公共装备，所以领队有权利对其进行适度分配。但是在对帐篷进行安排的时候，应尽量将晚上睡觉不老实的人安排在一块儿，而且还要尽可能地将其所在帐篷向外安排，这样就不会对别的成员造成太大的影响。

（7）从原则上讲，同一个帐篷里休息的人应尽可能地被安排在同样的时间段进行值班守夜，这样就不会影响到其他队员的正常休息。

（8）如果在条件不太好或者安全系数比较低的地方安营扎寨时，则应当基于队员的实际能力强弱搭配，结成帮扶，合理安排帐篷的位置。一旦夜晚有意外情况发生，可以互相照应。

（二）装备管理

装备准备无疑是户外运动有效开展的物质保障，也是参与活动队员的安全保障。挑选装备时，一定要充分考虑户外运动所在地的地形、所进行的相关活动等各种相关因素，还需要考虑携带装备的方式方法。携带方式的不同会对个人携带装备的重量以及体积带来非常大的影响。

1. 合理的计划

（1）数量。户外运动装备数量的确定，必须从参加活动的人数、活动项目、活动地点的气候条件等实际情况出发，根据需要自行购置或租赁个人装备，集体装备则由活动组织者提供（一般是收费的）。

（2）质量。户外运动装备一定要通过正规渠道获得，比如从户外用品专卖店购买、从专业户外运动公司租用等。装备的购置必须有专家的指导和建议，购买的装备必须有 UIAA（国际登山联合会的缩写）或 CE 标志。

2. 在营地的保管与存放

一个人数众多的户外运动团队，无论是个人装备，还是团队装备肯定都不会少。个人装备的管理事关个人利益，责任十分明确，通常不会出现损坏或者丢失的情况。事实上，团队装备牵涉到每一个团队成员，遗失或者损坏将影响每一个参与活动的人，因此团队装备的管理同样重要。

团队装备通常包括帐篷、绳索、安全带、下降器、上升器、安全帽、炊具、地图、旅行指南和其他工具等。对团队装备的管理要特别小心谨慎。

首先是分配任务。比如，帐篷、绳索等应分别由不同的人保管，并让参与者清楚地知道谁保管帐篷，谁保管绳索。通常团队装备交由成熟、稳重、可靠的人保管。负责人必须定时检查所负责团队的装备，除了确保其保管的装备无安全隐患外，还要确保装备一直保持良好的性能状态以保障活动顺利开展，并能维持到活动结束。有些团队装备具有一定的危险性，如小刀、火柴、斧头、锯子等，这类工具一定要由可靠的人专门保管。

其次是存放的位置。团队装备应尽量集中存放，必要时适当分开放置，以便于管理和取用。比如，帐篷甲专门用于存放炊具（炉具、锅、水壶），而绳索、安全带、安全帽等开展活动的必备装备则存放于帐篷乙中。下降器、上升器、钩环、快挂、扁带等小型但特别重要的物件则需用专门的小包放置。各种急用和非急用物品按其各自的功用分门别类地放置，以便于日常使用。以急救包为例，水泡、伤口、头痛、瘙痒等日常所需的药品应放在易取易放的位置，而不是在急用时到处乱找。有些物品则需要分开放置，以免发生危险，如在不使用时，炉子与燃料瓶应分开存放。

团队的装备应随时检修整理与保养维护，各种户外装备大多比较昂贵，而且与所有成员的生命安全息息相关。所以，要保持诸多装备的良好性能，就应当适时地进行维护保养以及检查维修等。

使用前。尽管在每次装备使用后对其进行检修和保养，但每次使用前仍需要对装备进行细致检查，因为户外活动通常要经过长距离的行进才能到达目的地，在运输过程中有些装备可能会损坏。

使用中。无论质量多么可靠，户外运动装备都有其使用寿命，更何况大多数设备在违规使用时会提前结束使用寿命。比如，一个人数众多的团队应时常对高频率使用的岩降绳索进行检查。

使用后。在活动结束返回营地后，要对装备数量进行清点，并认真进行保养。比如，帐篷破洞在下次使用前必须修补好，在通风环境下将炉具擦拭干净并确保其阀门关紧，将指南针表面擦拭干净以免划痕影响使用，背包应存放在仓库中通风干燥处。

3. 食品管理

（1）合理的计划。参加户外运动的时候，一定要有几样必备的食品。食品应当具备如下特点：体积小容易进行包装、重量不大携带起来很方便，存储容易保质期长，蛋白、热量、维生素含量高，容易消化，味道可以接受，烹饪起来要方便快捷。但是，并非全部食品都需要完全满足上述要求，因此在出发前应制订科学、完善的计划。制订食品计划时首要考虑的内容是数量，户外运动对体能的消耗大，还必须考虑食品的营养。①数量，绝大部分食品的配备是按人头计算的，少数食品如咸菜、果汁、果酱、咖啡等则按组分发。②营养，在户外运动中，因四处奔波体力会有大量消耗，如果膳食营养补充不合理，则会引起疲劳，导致身体出现不适。因此，一方面要确保队员们拥有足够的睡眠时间，另一方面合理安排一日三餐的进食，这一点十分重要。

合理的营养首先来自合理的饮食，即全面、平衡、适量的饮食。在户外活动过程中，应尽量做到定时定量，不要暴饮暴食，否则会造成消化功能紊乱以及营养缺乏或不平衡。在户外活动中，每次饮食的数量、时间等要尽量保持个人平时的规律性，不要饥一顿、饱一顿或贪食寒凉食物。

经常从事户外活动的人，对营养的要求有一定的特殊性，主要从以下几个方面考虑。

第一，能量和糖的补充。身体里的糖是保证日常活动能量供给的最为直接和主要的来源。在活动之前补糖能够维持身体里血糖的稳定以及保证糖原储备；在活动过程中补糖能够维持和提升血糖水平，同时可有效延长户外活动的时间；在运动之后补糖能使自身体能快速恢复，同时可使疲劳得到快速缓解。

糖的种类有许多，合理、正确补糖可以起到事半功倍的效果。葡萄糖是最易被人体吸收的糖，因此含有葡萄糖的饮料宜于与水果等含有果糖的食物共同食用。在户外活动时，身体状态很重要，某些专业运动饮料含有的低聚糖能快速补充人体所需糖分，还不会引起腹胀，口感清爽，很适宜在户外活动中使用。淀粉类食品（饼干、面包、烧饼等）除了含有多种糖分外，还含有维生素、无机盐和纤维素，可以在户外活动后的饮食中增加一些。但是，对于以减肥为目的的人来说，要适当控制活动前和活动中的糖补充。

第二，蛋白质的补充。在进行户外活动时，人体需要消耗很大的能量，所以应该准备一些蛋白质含量较高并且便于携带的食品，如鸡蛋、火腿肠、肉松、牛肉干、牛奶等。研究资料显示，每天补充 25 克蛋白粉可以显著增强体质，如能加在饮料中或牛奶中则效果会更好。

第三，适当补充矿物质和维生素。人体在进行户外活动时，体内的矿物质和维生素会随着体内水分的流失而减少。体内矿物质和维生素缺乏会导致机体的机能紊乱。合理的膳食搭配是补充矿物质、维生素的主要途径，所以在进行户外活动时，多样化的食品搭配是非常重要的。一些专门针对户外活动开发设计的合成制剂就充分考虑到健身人群的特殊需要和身体中各种矿物质、维生素的实际情况，做到有针对性的补充，避免了因使用普通产品造成各种“补的不缺，缺的没补”的情况。

第四，水分的补充。在进行户外运动的过程中，由于运动量较大，常常会流很多汗，从而导致体内水分流失得非常快，当人觉得口渴时，失去的水分其实已经达到了自身体重的 3%，处于轻度脱水状态，所以提倡预防性补水。短时间大量补水会造成恶心和尿频的现象，这样可能会影响户外活动的正常开展。

所以，正确的补水方法是“少量多次”。再者，应当补水和补充矿物质、糖分结合起来，只是补水的话，很容易导致身体里的电解质出现紊乱情况。

（2）在营地中的位置及储存。户外活动使人体大量消耗能量，因此合理的、高质量的营养补充不仅能使参与者在大自然中尽情地投入，又能快速地从疲劳中恢复，保持充沛的体能并充分享受户外活动的各种乐趣。通常用防水功能较好的塑料袋将个人的食物装好，放置在行囊的中上部位（以便取出）；集体食品应放置在营地专门的帐篷中，并指定专人负责。如果需要在野外露营，则要特别防止食物被野生动物偷食。

（3）一天食品的大致安排。用餐时间可做如下安排。

早餐，大概安排在出发前一小时；中餐，随时补充（或集体用餐）；晚餐，一般安排在睡觉前两小时；户外活动中的补水可做如下安排；不要在感到口渴时才想起喝水；在活动时应随时补水；途中有水源，就减少背水量（以减少身体负重）；如果需要携带盛水容器，应尽量加满水。

不同的饮品有不同的营养功效，所以应携带多种类型的饮品（如冲剂、矿泉水、运动饮料等）。

三、户外探险运动中各种突发情况的处置

在户外探险活动中，由于人员、时间、地点、环境及气候等都可能导致各种突发事件，因此有必要对各种可能出现的情况做好各种预案。通常情况下，突发事件分为两类，即财物类损失和突发的自然灾害（如雷击、岩崩、山洪、滑坠、泥石流、雪崩、蛇咬等）。

（一）财物类损失

对于单位、集体组织的规模较大的户外活动，有关部门可购买相关的保险以确保集体财产的安全。对于来自不同单位人员所组织的户外活动，看管好自身的财物是每一名参与者的职责。当野外露营时，夜间一定要安排专人在营地周围巡逻，以应对各种不测。在深山老林地区户外野营，特别要注意防范野兽的侵袭和各种自然灾害的突然降临。

（二）突发的自然灾害与避险

1. 山洪

在进行户外运动的过程中，一旦出现流水突然变浑浊而且流速加快且同时

混有泥沙的情况，就需要注意了，这必然是上游地区暴发了山洪。所以一旦遇到这样的情况，第一件事就是离开河道，到地势较高的地方躲避。假如不小心掉进了河里，应当紧紧抱住或抓住河岸边的草木石块，尽可能地爬到岸上，如果实在无力上岸，也要紧紧地抓住它们，等待同伴的救援。山洪的威力是巨大的，其速度会非常快。本来并不算宽的河流，往往会因为上游的大雨在几分钟内演变为滔天洪水，假如人们在岸边安营扎寨，会有很大的概率被突如其来的洪水冲走，进而出现伤亡。

只有提前有所准备，人员才可以顺着溪涧河道远行。在雨季或暴雨过后，千万不要顺着溪涧远行。也切勿于河道里逗留休息，特别处在下游的时候。当开始下雨的时候就应当快速远离河道，朝着岸边地势比较高的地方走。如果遇到桥梁已经被河水没过，千万不要尝试通过。

2. 泥石流

当听到轰鸣的声音，或者主河洪水上涨或本来正常的流水突然中断了，应迅速意识到泥石流可能要到来，应当尽快逃生。如果身处泥石流所在区域，除了迅速逃跑之外，还应朝着河道两边高处逃跑，切忌顺着河流向下或者向上跑；当处于非泥石流区域时，则立即报告该泥石流向下流可能波及的地方或单位，密切关注泥石流的变化发展趋势。

3. 雪崩

尽可能不要走雪崩的地方，假如一定要走的话，则应当横穿，切忌沿着雪崩槽向上攀登。如果横穿的话速度一定要快，还要设立瞭望哨，时刻查看有可能出现雪崩的地方。只要有雪崩的苗头或者已经出现了雪崩，就要即刻大声警告，为自救争取时间。

刚下过大雪或连续下了几场雪以后，千万不要上山。因为新下的雪往往比较蓬松，此时上山极易触发雪崩。虽然大雪过后天气一般不错，但是切记登山。

假如一定要从雪崩区穿过去，则应当在上午 10 点以后再穿越。因为在太阳的照射下，冰雪融化，雪崩多会发生在这个时候，所以要过了这个时候再穿越。

当天气转晴，或者在积雪开始消融的时候，积雪常常不太稳定，雪崩也很容易发生。

切忌在陡坡上活动。雪崩一般向下移动，因此斜坡上很易出现雪崩。

高山探险时，无论选择登山路线还是营地，切忌选择背风坡。因为背风坡容易积雪，易触发雪崩。

在行进的过程中，如果条件允许应尽可能沿着山脊走，在山体的最高处行走。

假如一定要穿越斜坡地带，千万不要单独行进，应当一个跟着一个向前走，应保持在彼此能观察到的安全距离。

在高山上行进和休息时，千万不要大声说话，因为声音太大的话很容易震动空气而导致雪崩。在行进的过程中，每一位队员身上最好系上一根红色的布条，这样一旦遭遇雪崩灾难，较容易发现。

4. 滑坠

滑坠发生的基本原因是山陡路滑，也和人为因素有关。人为因素具体指不够充足和安全的技术装备，不过关的登山技术，操作失误等。安全的装备应具备两个重要的因素，一方面需要达到相应的标准，另一方面要正确使用。装备相较以往已经变得越来越精密，技术装备的使用方面早已发展为一门学问。就滑坠来讲，安全保护装备使用，不当之处大概有如下几方面：①在应当结组一块儿通过的地方未结组通行；②在结组中每个人的技术有高有低，保护操作不够规范，有人无法起到保护效果；③进行结组的时候运用的保护技术不恰当。结组最为核心的一环就是一组中所有的人是不是都拥有结组保护能力。但在雪崩频繁发生的地区，不适宜进行结组保护。

5. 雷击

雷雨期间在山坳里原地蹲下是对的。雷雨期间不能站在大树底下和立交桥下。雷雨云一般都带有电荷，与地球有很大的电势差。把树想象成尖端放电的物体就容易理解了。如果站在树的旁边，强大的电流会击穿空气放电，电流从人体经过。所以，一般被雷电击过的人，其脚底都有不同程度的击穿。

第四节　户外探险运动的风险与法律责任

一、户外探险运动的风险类型

（一）以致害因素来源分类

1. 自然力致害风险

自然力致害风险指由于气象、地质灾害以及野生动物而导致的危害。此为户外探险致害中最为常见的也是发生最多的、最没有办法精准预测的突发侵害，比如雪崩致害以及雷击致害等。

2. 人为致害风险

人为致害风险指活动的组织者以及参与者由于自身故意或过失过错而导致的危害，主要包含对自身以及他人所造成的危害。

3. 第三方致害风险

第三方致害风险指由于活动组织者以及参与者之外的人或相关事件而导致的危害。活动过程中由于交通、住宿以及向导等第三方原因而导致的危害便属于第三方致害风险，如包车事故导致的伤亡等。

（二）以致害性质分类

1. 内在致害风险（或称首要致害风险）

这类风险主要指探险活动自身潜在的、能够预见的或者特别具备的、固有的致害风险，包含自然力风险和人为风险。不同的探险项目具有不同的内在致害风险，比如在登极高海拔雪山的过程中，大雪、大风以及失温等都属于内在致害风险；在峡谷进行急流漂流的过程中，遭遇山洪、溺水以及救援失败等也属于内在致害风险。

2. 外来致害风险（或称次要致害风险）

外来致害风险主要指内在致害风险以外的，由他人带来的风险，例如在进行漂流的时候，舟艇提供者所提供的舟艇有漏气现象等。

3. 意外致害风险

意外致害风险主要指既不属于内在致害风险也不属于外来致害风险的突然发生而根本无法合理预见的致害风险，例如在进行岩降的过程中大蛇猛然间从石缝里钻出，队员因受到惊吓而坠落受伤。

二、组织户外探险运动的注意事项

近年来，越来越多的人开始参与各式各样的具有探险性质的户外运动，同时也为户外运动暗含的风险持续付出代价。怎样才能使探险风险降到最低呢？对此专家给出了如下建议。

（1）要注意天气。要了解自己要去地方近 10 年来的天气状况，掌握该地区天气变化的一般规律。

（2）同行者是否与自己志同道合，经验是否丰富，要有一定的了解。

（3）要量力而行。低于国家一级运动员水平的人员，攀登高度最好不要超过海拔 6 000 米。

（4）对于自己要去地方的地形、地域状况，事先应当进行充分了解，而且要做好应付各种不测的准备，如在登山的过程中遇到了意外雪崩后的紧急处理。

（5）不仅要把常用的药品带够，还要带上一些紧急的急救药品，同时要掌握一定的急救办法。

（6）必须由有相关资质的单位带队进行，以保证自身安全。

（7）在出发之前一定要就近和有关救援人员联系好，以应对可能发生的不测。

三、户外探险运动的风险致害责任

根据当前的司法实践，参照部分法律的原则性、普适性的规定确定风险致害责任。对于 AA 制自助探险，一般根据《中华人民共和国民法通则》的“自愿、公平、诚实信用”原则、一般侵权责任原则、“混合过错”的规定以及“公平原则”等相关法条进行裁判。对于经营性、营利性的户外探险活动，风险致害责任一般基于《中华人民共和国合同法》《中华人民共和国消费者权益保护法》的有关条款以及《最高人民法院关于审理人身损害赔偿案件适用法律若干问题的解释》规定进行处理。

无论是 AA 制自助探险还是经营性、营利性户外探险活动，只要参与者拥有完全民事行为能力且本人自愿参加，同时未对风险责任承担惯例以及相关约定提出明确异议，除非组织者故意或存在重大过失，则均基于自愿、公平以及诚实、信用，还有民事权利自由处分的相关原则认定风险致害责任。

结合户外探险致死索赔的相关案例，在 AA 制自助探险活动中，只要组织者或参与者没有进行故意伤害或出现重大过失致害等情况，内在致害风险类型的意外事件风险责任应由受害者自己承担。“自甘冒险，责任自负”已然成为司法实践中普遍采用的规则。

四、我国在户外探险运动中有关致害的法律问题

户外探险运动是全面健身运动中的一个特别活动项目，运动过程中的风险

意外无法百分百防止，责任承担纠纷成为全民健身运动健康发展制约因素。户外探险运动在西方已经有 300 年的历史了，自甘冒险、责任自负规则以及契约责任原则已然成为探险活动以及高危体育活动法律体系之主流。

国家体育总局批准实施的《全国汽车运动管理规定》，采用了国际汽联所颁发的运动法规，要求参赛的相关人员一定要用填写报名表的方法和组织相关赛事的人员缔结契约，而且对相关的参赛者提出了要求，即参赛者承诺在比赛过程中或参加活动的过程中，一旦出现人身伤亡，或财产损失，不可以对国家体育行政部门、赛事组委会、赞助商、赛事委员会任命的官员、服务人员、代表、代理机构以及参与组织、赞助比赛的有关军队、地方机构、全体员工、公司、个人提出追究、索赔的要求，该条规定同样适用于进入赛段、活动区别的参赛者、服务人员以及代理机构。此外还规定，为了很好地处理意外事故，全部赛事人员以及组织活动的相关人员一定要办理社会公众责任保险、工作人员意外伤害险以及医疗保险。

《外国人来华登山管理办法》明确规定了，外国登山团队应当和指定的国内登山协作单位签订登山议定书，明确双方的权利和义务，理所应当，登山风险责任同样应通过登山议定书约定。拥有高风险性、高危性的体育竞技和户外探险运动的风险责任确定，同样适用“参加者风险责任自负”“风险责任不应向对方或第三方追究、追索”“风险责任应由自己或者投保的保险机构承担”规则。风险责任契约确定原则已被国家体育总局认可，这是十分可喜的进步。

第四章　现代山地户外运动与风险

第一节　山地户外运动的特点与分类

一、山地户外运动的定义

关于山地户外运动的定义，国内理论界研究的较少，目前还没有一致认可的概念。概念认识的模糊性和不明确性对于山地户外运动本身的发展是不利的。因此，有必要对山地户外运动的内涵、分类等问题进行深入的分析和研究。

要界定山地户外运动的概念，首先要对户外运动的概念进行探讨和分析。广义的户外运动是指所有在室外进行的运动，几乎涵盖了所有运动，如室外球类、骑马、射箭、游泳、水上运动等大类和其中的各小项。狭义的户外运动指的是在自然的场地进行的体育运动。国家体育总局登山运动管理中心将户外运动定义为以自然环境为场地（非专用场地）开展的带有探险性质或体验探险的体育项目群。自然场地（非专用场地）包括大自然场地和人工非运动目的的建筑物，如高楼、桥梁、公路等。按照户外运动开展的自然场地，可将户外运动划分为水上户外运动、空中户外运动和陆地户外运动三大类。其中陆地户外运动是指在陆地区域（包括大陆和岛屿）内、在地面进行的户外运动，包括山地、海岛、荒漠、高原和人工建筑物五类。大部分的户外运动都是指陆地户外运动。

李红艳将户外运动界定为人们在闲暇时间，为了满足自身身体健康、放松和休息、人际交往以及刺激和冒险等多方面的需要，采用体育运动的方式（步行、滑雪、登山、骑自行车等）在山地、水域、荒漠、高原等各种特定自然环境下进行的各种户外体验活动。

山地户外运动作为陆地户外运动的重要组成部分，国内对其没有确切的定义。陶青将高校山地户外运动定义为大学通过高校相关社团的组织，在自然山地进行的一组运动项目群，包括山地运动、峡谷运动、野外生存（含露营）以及荒漠运动。这一概念强调了山地是山地户外运动的活动场地。

因此，通过与专家的交流，并结合以上学者的观点和现论，此处将狭义山地户外运动界定为一组以山地地貌（包括周围水域）的自然环境为主要场地的带有探险性质或体验探险的体育项目群。主要是在海拔 3 500 米以下的山区、丘陵开展的户外运动。而广义的山地户外运动不仅包含以上在自然环境开展的运动项目，还包括在人工场地进行的同类项目，如人工场地攀岩等。这里我们讨论的主要是狭义的山地户外运动的概念，包括以下几个方面：

（1）基本的活动场地。山地地貌（包括周围水域）将其和其他海域、荒漠、高原等开展的陆地户外运动区别开来。

（2）活动的探险和体验性质。这是户外运动区别于旅游等休闲娱乐方式的特点。

（3）关于海拔的规定。3 500 米以上的海拔，是中国登山协会章程中关于高山概念的海拔规定。3 500 米以上海拔的登山运动即为高山探险运动，与山地户外运动中的登山运动是有明确区别的。

二、山地户外运动的特点

（一）贴近自然，与自然高度融合

与其他体育项目相比，山地户外运动的显著特点就是在自然环境中进行的，有着回归自然、返璞归真的特征。大部分体育项目和休闲娱乐活动都是在特定的、专用的场地进行的，而山地户外运动是在大自然中展开的，是真正地与自然融合，在大自然中感受宁静，释放压力，放松心情，战胜自我的过程，无论是身体发展还是心灵感受都到了满足，因此可以说山地户外运动正成为国人一种新型的、健康的时尚休闲运动。

（二）综合性很强

因为山地户外运动是在大自然中进行的体育运动，所处的环境复杂多变，天气、地质地貌等各种因素变化无常，如从丛林到峡谷再到溪流等，所以参加这项运动需要掌握不同的体育技能以应付不同的地貌，同时还要具备包括地理、气候、动植物、运动、医学等各方面的综合性的知识。众所周知，山地户外运动一般是团队共同进行的体育项目，因此不仅要求个人有杰出的能力，还要求团队加强沟通与合作。总体来说，山地户外运动的活动过程是队员心态、体能、体育技能、意志力、沟通能力、团队精神等各种素质的综合体现。

三、山地户外运动的内容和分类

（一）山地户外运动的主要内容

在我国开展活动较早，发展较快速，参与人数众多并达到一定规模和水平的山地户外运动主要包括登山、攀岩、溯溪、徒步穿越、山地行车、定向越野等。

登山运动是从低海拔向高海拔山峰进行攀登的一项体育活动。山地户外运动中的登山通常是指在海拔 3 500 米以下，青藏地区为 5 000 米以下的健身性登山。攀岩运动是利用人类原始的攀爬本能，借助各种装备做安全保护，攀登一些岩石所构成的峭壁、裂缝、大圆石的运动。溯溪是从峡谷溪流的下游沿溪而上，克服各种地形阻隔，穷水之源而近山巅的一项户外运动。徒步穿越是指在徒步区域里主要靠步行完成起点到终点的穿越里程。在山地户外运动中，徒步穿越要跨越的地域地貌可能会有山岭、丛林、溪流、峡谷等多种形态。山地自行车是指借助山地车在山地等地域间穿越、行进的一种运动项目。定向运动是借助地图和指北针，按照规定顺序寻找若干标绘在地图上的地面检查站的一项体育活动。

（二）山地户外运动的分类

为了便于今后系统的研究，对山地户外运动进行合理的分类是十分必要的。按照不同的分类标准，对于山地户外运动的分类会有很大的不同。例如按照活动的专业性，可以将山地户外运动划分为以下两类：一是大众健身性运动，适合普通的户外运动爱好者，是人们为了满足锻炼身体、放松心情、人际交往、休闲娱乐等需要，在闲暇时间在大自然中进行的各种体育活动；二是竞技性运动，需要经过一定的户外运动培训，需具备一定的户外运动体能和技能基础，并以此为基础完成一定的比赛任务或目标的过程。按照身体能力来划分，则可划分为技能类运动，如定位与定向运动、探洞、丛林急救等；体能类运动，如徒步穿越、登山、溯溪等。

国内关于山地户外运动的分类主要是根据活动场所来划分的。但无论是哪种分类方法，总是有一些项目和内容不能明确地被划分进去，也就是说，这些划分的标准都比较模糊。此处根据山地户外运动的概念，并结合已有的分类理论将其划分为四大类。

（1）丛林（森林、雨林）系列：包括定位与定向、丛林宿营、丛林穿越、丛林觅食、丛林急救、紧急求援等项目。

（2）岩壁系列：攀岩、岩降等，在冬季进行举冰运动。

（3）水域系列：漂流、溯溪、溪降、搭索过涧等。

（4）群众性登山：所谓“群众登山”活动，一般指沿山间小径或人工路径进行的登高活动。

这种主要从外部入手根据明显的活动场所特征进行的分类比较合理，可以清晰地概括大部分流行的山地户外运动内容，并且简单、直观，便于人们理解和掌握。但同样也存在个别项目因活动场所复杂不能明确归入其中的状况。

第二节　山地户外运动的现状

营利性户外运动俱乐部是以营利为目的，向社会公众提供户外休闲健身服务的体育企业。与一般的户外运动装备生产企业不同，户外运动俱乐部提供的产品不是看得见、摸得着的实物产品，而是无形的服务。因此，户外运动俱乐部营利的手段是通过向社会公众提供户外运动休闲健身服务和产品，在满足大众健身目的的同时，获取收益。不论何种企业，首要的目的都是获取利润，否则在市场上就无法生存。同样作为企业的营利性户外运动俱乐部要面对市场，遵循市场规律和价值原则，根据各种不同层次、水平和爱好兴趣的顾客的户外运动需求，提供不同等级、不同内容的服务，以达到赢利的目的。

总体来说，户外运动俱乐部组织的商业活动，其形式是为户外运动的爱好者提供有用的服装、鞋帽、器材、装备，或者是提供以户外运动为手段的科学健身指导服务，根本目的就是盈利，在追求经济效益最大化的同时兼顾社会效益。从经营模式上看，我国户外俱乐部的经营模式主要分为两种：一是“户外运动用品店＋广外运动俱乐部”模式；另一种是打着“户外运动俱乐部”的旗号，只经营单一品牌的卖场，也就是只经营户外运动实物用品。另外，我国部分户外俱乐部还采用会员制经营方式，分为个体会员和团体会员（企业会员）两种。发展会员和稳定会员是俱乐部经营的关键，采取各种营销手段，用更优质的产品服务来满足会员的需求，提高会员的满意度，稳定会员，是俱乐部经营成功的关键之举。

户外运动自20世纪80年代传入我国后，深受群众欢迎。随着户外运动在我国的日益发展，逐渐被引入高校教学，同时，各类高校户外运动社团也与日俱增。20世纪80年代，中国地质大学（武汉）根据地质专业特点，把登山训练引入课堂教学，把攀岩确定为学校体育必修课教学项目。20世纪90年代，中国地质大学（武汉）在国内首创了集体育学、气象学、地理学、医学、管理学等学科于一体的野外生存体验课，引入了定向越野这一体育项目。2002年，教育部颁布了《全国普通高等学校体育教学指导纲要》，提出体育教学要“培养学生能参加有挑战性的野外活动和运动竞赛”，根据这一要求，地质大学率先开设了“户外运动”普修课，教学内容主要包括野外生存体验、定向越野、攀岩、拓展运动等。此后，华东师范大学、南京体育学院、浙江师范大学、浙江工商大学等100多所高校也相继开展了户外生存体验课程教学，户外运动教学在高校形成了一定规模。

《2019中国户外运动大数据报告》显示，北京和上海连续多年位于户外运动网络搜索榜首，且2019年上半年的居民人均可支配收入中，上海以35 294元位列全国第一，北京以33 860元紧随其后，有闲有钱有兴趣，使北京和上海成为户外运动两大客源地。

2019年我国国家登山健身步道总里程达到2 700千米，建成国家登山健身步道26条，而我国第一条正式认定的国家登山健身步道在浙江宁海已建成10年，其发展演进历程可谓“十年磨一剑”。十年以来，从点到线，从线到网，从民间草根推动到政府顶层设计，从硬件设施到软件服务，从建设存量到开发增量，从里程数量到发展质量，登山健身步道系统建设开创出前所未有的良好局面。步道成为让全民健身与全域旅游深度融合的重要平台，成为引领户外运动产业全面发展的重要支撑。

户外运动的兴起是一种复杂的历史现象和社会现象，户外运动参与者的出现并形成一定的规模是社会经济发展到较高水准后的产物。户外运动参与人口反映了人们对户外运动的参与程度，是制定我国户外运动发展规划与进行户外运动发展战略研究的重要依据。《2019 中国户外运动大数据报告》对户外运动参与人口进行了调查。

结果显示，户外运动以男性为主，中青年占主体，学历以本科学历为主，职业主要为各类专业技术人员，工作年限以 8 年以上为主，月平均收入除无全职收入的，排在第一的是 4001 ～ 6000 元，排在第二的是 1 万元以上；婚姻状况以已婚为主，排除未婚未育人群，已婚和离婚人群中绝大多数有孩子。

户外运动是兼具体育、旅游、文化和教育功能的融合性业态，作为一项综合性强的“百搭”产业，户外运动产业与“五大幸福产业”都有着高度关联和融合发展的空间，未来有望在国家战略领域发挥独特作用。

户外产业吻合“滚雪球理论”——赛道足够多，雪道足够长，黏性足够大。基于中国户外运动大数据的调查，如下趋势特征值得重视：消费升级进入新阶段，中产人群消费红利来临。中国的消费升级是大势所趋。中国市场足够大，大到层级与多样性在世界范围内没有先例。

新阶段相较之前有两个特别的趋势：户外消费人群分化加剧，更垂直更具差异；户外消费观更迭，理性与价值开始回归。相较物质上的丰富，现在的中产阶级更向往对善与生命的质朴追求。高价格等于高价值的时代已经过去，价值的判定标准已经转变，“值得”正在被重新定义。

沉浸体验赋能范围扩大，体验营销彰显战略价值。随着健康中国战略的提出，体育消费将转向体验性消费，从“走马观花”到“下马看花”和“养马种花”，为游客创造理想的生活方式，使户外运动成为一项生活服务业，贩卖的不再是产品，而是理想的生活。户外商业的重心已经从“如何把东西卖给顾客”转向“为顾客打造怎样的体验”，消费升级的大势中户外运动产业高速发展，不断推动体验的赋能范围的扩大，体验开始彰显战略价值。追求沉浸式体验，挖掘隐性需求，这样真正能够建立竞争壁垒。

价值创新成为发展常态，跨界链接外溢效应凸显。人们对美好生活的需要和不充分不平衡的发展之间的矛盾会成为未来长期存在的矛盾，在这样一个背景之下，满足人们美好生活的需要使很多以前看似不搭界的行业找到一个共同点，找到一个价值共创的聚焦点。户外与文化、教育、旅游、健康、养老、地产、传媒、信息、金融、农业等产业的融合发展将进一步加深，融合后的外溢效应将成为户外产业价值的增长空间。户外运动产业作为体育产业发展的重点领域，既是幸福产业又是民生经济，做大做强户外运动产业是满足人民美好生活需要的重大举措。

未来户外运动产业利益相关者要按照高质量发展的新要求，优化存量，扩大增量，提升核心竞争力，着眼于满足人民日益增长的服美好生活需要，把户外运动产业做成健康产业、幸福产业、生态产业和融合产业，奋力谱写新时代中国户外运动发展的新篇章。

第三节　山地户外运动的安全形势及安全因素

一、山地户外运动的安全形势较为严峻

随着我国进一步加强对山地户外运动的重视程度，山地户外运动蓬勃发展，成为当前社会背景下最重要的户外体育运动形式之一，不仅带动了山地户外运动行业的发展，还对我国体育事业的发展产生了积极的影响。但是需要注意的是，在发展山地户外运动的过程中，受到诸多因素的影响，安全事故频繁出现，对山地户外运动的持续稳定发展产生了一定的制约和阻碍作用。据中国登山协会登山户外运动事故研讨小组不完全统计，2018 年共发生事故 348 起，受伤 115 起，死亡 40 起，失踪 4 起，无人员伤亡 189 起；2017 年共发生事故 289 起，受伤 107 起，死亡 35 起，失踪 7 起，无人员伤亡 141 起。户外活动的风险是很高的，实际伤亡人数肯定比这大得多！

国家高度重视山地户外运动的安全问题，并在安全保障方面做出了相应的探索，山地户外运动的整体安全形势呈现出逐步改善的发展状态，遇难人数数量减少，安全事故的发生率和运动者的死亡率明显降低，对山地户外运动的发展产生了一定的积极影响。所以，新时期应该高度重视山地户外运动安全保障工作，结合山地户外运动的安全形势和安全维护的现实需求积极探索相应的措施，希望可以规范山地户外运动产业管理，促进整体安全水平的全面提高，为山地户外运动的安全化、规范化和有序化发展创造良好的条件，带动山地户外运动事业的发展，使其成为我国最重要的户外体育运动项目之一。

二、山地户外运动的安全因素分析

在组织开展山地户外运动的过程中，安全隐患相对较多，并且不同类型的安全隐患从不同的角度对山地户外运动的顺利推进产生影响，一定程度上增加了山地户外运动的管理难度。同时，从风险防范角度，考察中国山地户外运动风险防范现状，发现我国山地户外运动管理体系建设尚处于初步摸索阶段。因此，要想实现对安全风险的有效防范，就应该对造成山地户外运动安全问题的相关因素形成正确认识，为山地户外运动安全措施的制定提供相应的支持和保障。对影响山地户外运动安全因素的情况进行调查研究发现，有 38.2% 的安全事故是个人因素所导致的，如参与者自身安全意识不足，指导人员缺乏对安全指导工作的重视，前期管理和中期指导工作存在不足，无法确保山地户外运动的实施效果，最终引发安全事故问题，对山地户外运动的优化发展产生不良影响；35.2% 的山地户外运动安全事故的发生与环境因素存在一定的联系，一方面是由于前期对环境的考察不足，未察觉环境方面可能带来的运动风险；另一方面，山地户外运动属于户外运动，可能会由于突发气候变化和意外事故等，产生山地户外运动安全事故，不利于山地户外运动安全保障工作的落实；22% 左右安全事故的发生与安全管理工作不到位存在一定的联系，在相关部门开展安全管理工作的过程中，未严格按照国家相关标准落实安全管理工作，安全管理工作严重缺乏系统性，前期预防和后期应急处理不到位，必然会对山地户外运动的安全工作产生影响，所以加强安全管理是新时期维护山地户外运动安全稳定运行的重要措施。其他因素也对山地户外运动的安全产生一定影响，但是影响效果小，发生概率低，因此不进行具体论述。

第四节　山地户外运动的安全管理

通过对山地户外运动的发展情况进行分析，发现现阶段山地户外运动中还存在一定的安全隐患，对山地户外运动的蓬勃发展产生不良影响。因此，要想在新时期为山地户外运动的发展创造良好的条件，加快我国全民健身进程，就应该对山地户外运动安全管理要求和对策进行分析，为山地户外运动的优化发展做出正确的指引。

一、人员素质要求和对策

山地户外运动蓬勃发展，更多的人参与到山地户外运动项目中，而这同时也对安全管理工作提出了新的要求，因此需要加强对人员资质的管理，对参与山地户外运动的人员进行基本的教育和培训，确保其能够掌握一定的基础运动技能和专业户外运动技能等，了解山地户外运动医疗急救方面的知识，确保在参与山地户外运动的过程中取得理想的参与效果。需要注意的是，按照人员素质要求的具体规定，参与者不仅要具备良好的身体素质，还要具备较高的安全意识和较强的心理素质，在参与过程中即使遇到问题也能够高质量地完成活动任务，保障自身安全。除此之外，山地户外运动指导者和教练人员要能够熟练掌握山地户外运动方面的知识和技能，并且能够指导社会大众参与到山地户外运动实践中，为山地户外运动的优化开展做出正确的指导。不断提升人员安全素质和能力，为山地户外运动的优化开展提供相应的人才保障，切实推进山地户外运动的发展。

二、装备质量要求和对策

装备质量控制是保障山地户外运动安全的基础，只有保障装备质量，才能促进山地户外运动安全开展。此外，确保参与者能熟练掌握装备的使用技巧和规范，熟练使用各种山地户外运动装备，在保证装备质量的基础上，尽量提高装备的使用效果，能够保障参与者生命安全。基于此，在发展山地户外运动的过程中应该正确认识装备质量的重要性，按照山地户外运动实际情况合理选择装备，确保选择的装备能够辅助山地户外运动的优化开展，为山地户外运动效果的取得创造良好的条件。同时，在保障装备质量的基础上，相关参与者在参与山地户外运动时，为了保证装备的使用安全，还需要了解装备的使用要求，进而严格按照要求使用装备，最大限度地发挥出山地户外运动专业装备的安全保障功能，提高参与山地户外运动的实际效果。这样就能够在尽量保障装备质量和科学使用装备的基础上，有效减少参与山地户外运动的不安全因素，提高山地户外运动的安全水平，切实促进山地户外运动的优化发展。

三、安全管理方面的要求和对策

安全管理工作的开展对山地户外运动安全隐患的规避和安全水平的提高起到十分重要的作用，因此在开展山地户外运动的过程中也应该高度重视安全管理工作，为安全管理工作的优化开展提供相应的支持，保障参与者参与山地户外运动的人身安全。在开展安全管理工作的过程中，相关人员应该事先对户外场所进行勘察，及时发现不安全因素并排除安全隐患，创造良好的山地户外运动环境。同时，在保障场所安全的基础上，在山地户外运动中期活动中，也需要关注其引导和控制工作，及时结合户外运动的内外部情况变化做出相应的调整，将安全放到首要位置上，确保一旦遇到紧急情况，能够将损害和损失控制到最低。同时，还需要加强对后期事故救援和管理工作的重视，确保能沉着冷静地应对问题，高效采取相应的处理措施，为事故患者赢取宝贵的时间，并对其他队员进行合理的管理和约束，避免产生严重的不良影响。只有这样，安全管理工作才能真正发挥作用，促进山地户外运动的优化开展。

山地户外运动是新时期受到广泛欢迎的体育运动项目，加强对其安全因素的分析并制定有效的规避措施，能够为山地户外运动的蓬勃发展创造良好的条件，让更多的人参与山地户外运动，在推动山地户外运动自身发展的同时，也为我国体育事业的发展提供有力的保障。

第五章　我国户外运动安全保障存在的问题

第一节　相关法律法规不健全

自2004年国家正式立项以来，户外运动机制逐渐完善管理的探索，但大都是从宏观方面进行管理的，难以进行具体的和有针对性的管理和约束。在户外运动俱乐部的监督管理方面，缺乏有效的保障，对资质的认证缺乏明确有效的规定，主要由民政部门和工商部门进行认证；户外运动教练和领队需要较强的专业性，但当前领队多为户外运动爱好者；在户外运动参与者的权益保护方面，缺乏相关的机制和配套的规章制度，使一些侵犯户外运动参与者权益的行为大行其道，户外运动参与者难以合理合法地维护自身的权益。户外相关法律法规不健全也给户外市场的发展带来了许多问题，户外俱乐部任用不具备资质的领队和教练、装备设施不过关、对户外场地和环境的破坏、不为户外参与者投保等行为，既损害了户外运动参与者的利益，也不利于户外运动本身的健康发展。

一、法律法规的缺失现状

关于户外运动安全事故责任界定的相关法律存在缺失，导致户外运动事故的判决缺乏有力的法律依据，当前我国在处理户外运动纠纷时的主要依据是《民法通则》《合同法》《侵权责任法》，但这三部法律对户外运动问题的规定不同，有的甚至是冲突的，尤其是针对风险免责协议的法律效力问题。

当前已运行和拟出台的管理办法及行业标准远不能满足目前我国户外运动发展的需要，亟须制定户外运动相关的全国性的法律，完善行业标准，明确户外参与各主体的权利义务，促进户外运动的健康发展。

二、户外运动相关法律需要逐步健全

我国户外运动安全问题已引起中国登山协会的重视，中国登山协会相继出台了相关的政策法规和行业规章制度，如《外国人来华登山管理办法》《国内登山管理办法》《四川省国内登山管理办法》《登山户外运动俱乐部及相关从业机构资质认证标准》《登山户外运动俱乐部及相关从业机构技术等级标准》《高山向导管理暂行规定》《户外运动员注册与交流管理办法（试行）》、《攀岩攀冰运动管理办法》《攀岩运动员参加全国比赛代表资格注册管理办法》《全国攀岩运动员注册与交流管理办法（试行）》等，以及《关于加强登山户外运动的组织和安全工作的通知》等，但我国户外运动相关的法律法规和行业规章制度仍然不够完善，很多户外运动中可能遇到的情况没有直接相关的政策法规可依。国家对户外运动安全问题只作了原则性的指导和规定，在处理户外运动安全的相关问题上还存在着很多空白，发生了人身伤害事故，没有相关的法律法规作为依据和相关的责任认定机构。

第二节　技能培训和安全教育宣传力度不够

一、我国户外运动相关项目的技能培训有待完善

据中国登山协会不完全统计，参与户外运动的人口已突破一亿，但相较于数目庞大的参与人数，其中参加过正规培训，接受过专业教育的户外运动人员才 5000 人，所占比例不足两万分之一。由于户外运动领队和参与人员缺乏相关的户外知识和技能，户外运动安全问题愈加严重。

中国登山协会于 2005 年正式成立了培训部（其培训工作早在 1999 年已经开展），主要职责是负责登山及相关运动（高山探险、山地户外运动、攀岩、拓展）的等级培训认证和技术培训。我国取得登山及相关运动专业技术人员从业资格证书的人员与参与户外运动的人数相比还太少，绝大多数户外运动组织者和参与者是没有经过培训的。

从中国登山协会官方网站了解到，截至 2020 年，登山协会培训部在全国 21 个省市自治区开办了地方协会，并举办过相关的培训，其中珠江三角洲、长江三角洲等经济发达的沿海地区由于其良好的户外资源、经济优势以及人口素质，户外培训工作开展较好，领先于其他地区，且以户外培训为良好的契机和抓手促进了当地户外运动的开展。为了更好地提高户外运动从业人员的素质，积极推进体育行业国家资格证书制度，保障户外运动参与者的人身安全，近年来各类高校也陆续开设了户外运动的相关专业和课程。但总的来看，我国目前户外专业培训力度不够，范围较小，主要由中国登山协会组织有限的培训班，影响力有限，各省市下设协会发挥作用较小，部分高校开始开设户外运动相关课程，但基本还是作为一个专业方向，专业建设还很不足，完全不能满足户外运动的行业发展对户外专业人才的需求。

二、加大户外运动的安全教育宣传力度

户外运动安全的宣传和教育就是充分利用电视、报纸、网络以及微信、微博等，大力宣传户外运动的安全理念，增强户外参与者的户外安全意识，培养户外参与者安全、理性参与户外运动的习惯。当前我国户外安全的宣传教育主要是由中国登山协会主持开展的。“全国户外安全教育计划”主要通过选取 8 ～ 12 个大中城市，以举办全国巡回讲座、电视讲堂、发放户外安全宣传材料、在各种媒体上开辟户外安全宣传专栏等形式，向全社会进行广泛持久的户外安全教育和宣传，增强户外参与者的户外风险意识，推广户外安全生存的方法技能。户外安全教育计划的主要推广和实施载体是户外安全教育巡回讲座，巡回讲座是计划面对的主要人群所获得教育的主要途径，也是该教育计划所研发的各类“产品”的主要宣传和推广的窗口。

当前我国户外运动的相关从业人员大多数是由体育行政部门或户外运动俱乐部通过短期培训等方式来培养的，且范围和人数有限，我国户外运动专业人员，包括户外领队、登山向导、攀岩指导员、拓展培训师等存在很大的缺口，

人才培养不规范，专业建设不足；户外安全教育和宣传以中国登山协会为核心开展，但涉及地区和范围局限在部分大中城市，宣传教育力度不大，影响力有限。

第三节　安全预警和救援系统不健全

一、我国户外运动安全预警存在缺失

我国对户外运动安全的预警存在缺失，没有设置相应的户外安全预警机构，更没有专业的人员对相关户外信息进行收集整理、分析判断、发布警告、制定策略等，户外运动参加者一般通过论坛、QQ、微信、电话，或户外爱好者之间的口口相传等获得信息。另外对于一些高难度的登山探险等活动，相关部门也缺乏监管和管理。

有许多户外爱好者只凭着一股冲劲，一味追求刺激，在没有掌握足够的当地信息的情况下，冒险在未开发的景区或具有高难度和挑战的地区进行活动，或挑战高难度的项目，往往造成损失。虽然自救不足寻求外界救援，但外界救援其实是一种事后机制，而预防风险发生的最好办法就是在进行户外运动前做好准备工作，包括对路线风险的评估，天气状况的实时更新，人员装备的检查等，而这些准备工作恰恰是我国目前众多户外运动参与者所忽略的。只有做好这些事前预防工作，才能将灾害发生的概率降到最低。

景区也有一定义务对户外运动参加者提供相关的预警，如工作人员告知当地特殊的天气、地理等情况，景区在事故易发生地区树立警示牌等，为了自身发展和对利益的追求，有些景区尤其是高山探险、开发程度低的景区，往往及时竖立警示牌等。

二、户外运动救援系统有待健全

户外运动救援的种类主要有三种类型，一是自救，主要是指发生事故和意外后凭借自己的救援知识和技术、对事发地的自然地理环境的掌握、对自身体

力和心理的判断等进行的自救；二是互救，指户外参加者同伴间的救援，包括伤口包扎、人工呼吸等；三是外界救援，包括公安、消防、医院等公共力量的救援和专业户外运动救援队以及当地百姓的民间救援力量。我国户外运动的参加者专业户外知识、技术匮乏，户外装备也较为落后，缺乏良好的安全意识与自救技能，这种状况对外界救援的需求和要求就更多。我国还没有形成统一的户外安全事故救援系统，我国户外运动的救援以政府为主，对户外运动事故的救援主要通过公安、消防、医疗等公共部门，挤占了大量的公共资源，这种情况也屡屡引起社会诟病。

政府救援是登山户外救援的主体力量，专业救援所占比例有所提升，由此可以看出，我国专业救援队有了快速发展，成为登山户外救援中除政府救援之外的重要力量。此外，从这两年的联合救援所占比例来看，联合救援也是我国登山户外救援中的重要组织形式，联合救援通过联合政府、专业救援队、当地村民以及专业户外人士和志愿者等多方力量进行救援，这种救援组织形式应该是登山户外运动救援未来的发展方向，正日益发挥重要的作用。景区工作人员对景区地形了如指掌，其实是最适合对迷路“驴友”进行救援的力量，但由于种种原因，景区参与对户外运动事故的救援在国内很少见。

我国政府救援方面由国家体育总局登山运动管理中心、地方中心的户外运动救援部及各景区救援队承担，政府救援主要的职责是负责救援人员的培训与救援技术的普及，户外运动安全的普及与规范，职业资格认证制度与标准的制定，负责与公安、武警、医疗等部门协调联络，保证救援工作的顺利开展。政府救援有强大的人力、物力保障的优势，但当前我国的户外运动事故大量动用政府救援力量，极易造成社会公共资源的浪费，且公共部门的救援人员多未经过专业的户外救援培训，对户外事故发生地点的地理、天气等因素也不甚了解，很可能使救援的效果大打折扣，反而增加了救援成本。

商业救援指由保险公司或商业性旅行援助公司有偿提供的救援行为，在我国起步晚且发展缓慢。商业救援是一种专业化、市场化的救援方式，服务的对象是本机构的注册人员，未在其机构进行缴费注册的人员不能得到救援，救援范围有限，所以商业救援的服务对象基本是国内出境及境外户外爱好者和旅游者等高端消费群体，且大多存在于一些经济较发达的省市或者开发较为成熟的景区，如神舟旅行救援中心、中国银河绿十字公众应急救援服务系统等。

民间救援组织主要是采用公益志愿的方式，救援人员大都由具有专业的救援技术与经验的志愿者组成，多是临时的人员，很少有专职人员。以 2008 年为界，我国的民间户外救援组织的发展大概经历了两个阶段：2003—2008 年，随着户外运动的蓬勃兴起，户外事故也逐渐增多，一些户外运动参加者和爱好者自发组织救援队开展户外运动事故的救援活动，这一阶段的民间救援组织大多没有规范的规章制度，也没有在民政部门或有关部门进行注册以取得合法身份。当时比较典型的救援组织有“绿野救援队”“河南户外救援队”“奥特多救援队”等。2008 年汶川地震至今为我国民间户外救援组织发展的第二阶段，这一时期的户外救援队组织性和专业性大大提高，并开始制定规范的规章制度，在民政部门注册取得合法的社团身份，如绿野救援队于 2008 年重新调整其组织架构，并与北京红十字会合作建立“北京蓝天志愿者救援队”，蓝天救援队于 2010 年正式在民政部门登记，成为我国第一个正式注册的民间救援队；还有 2009 年壹基金成立的隶属于深圳市户外运动登山协会的深圳山地户外救援队的“壹基金救援联盟”。但是民间救援组织想要取得合法身份成为社会团体，其在相关部门审批登记的流程十分复杂，需准备大量的申请材料，逐级报备，并经过业务单位的重重审查，民间户外救援组织无法在短时间内取得合法身份，导致民间救援组织难以找到资金来源及合适的赞助商，救援设备等也十分缺乏；另一方面由于救援队员的工作特殊性，保险公司对救援队员的人身伤害保险大都不愿接单，许多救援组织只能在网络上购买国外的保险，这些都使我国民间救援组织的生存与发展陷入困境，步履维艰。

我国尚未形成统一的户外安全救援系统，户外运动救援体系的建立处于起步阶段，政府救援和民间救援虽然基本全面展开，但仍存在很多问题，尤其是民间救援组织的生存和发展，需要很多的支持。他们的救援装备和技术落后，尤其是卫星定位、交通通信等技术的落后，导致救援队与政府的公安、消防、医疗等部门不能形成有效的联动。另外，当前我国的救援还存在救援费用的承担主体不明确的问题，个人、景区、国家的收费比例等没有明确的标准和规定，户外参与者个人没有缴费意识，认为救援是公益性、政府性行为，常常违规进入某区域导致发生事故。这些不利于激发户外救援的积极性，也不利于遏制户外运动爱好者和参与者违反法律规则的“冒险”行为。

第四节　专项保险系统不完善

一、户外运动保险内容

户外运动保险是指户外运动爱好者在参与户外运动时，为保护自身的利益，向保险公司支付一定的保险费，一旦参加者在活动过程中发生意外事故，由承保公司按合同约定向投保人支付相应的保险金。由于户外运动存在一定的高风险，在早期是被我国的保险公司拒保的，但随着户外运动如火如荼地开展，我国的户外保险也逐渐起步，户外运动的产品和险种已经出现并不断丰富。

2006 年，国内第一个“登山户外运动专项保险”诞生，但由于很多户外运动参与者对其认识不够，事故发生后的理赔比较烦琐、险种较少等因素，导致很多户外运动俱乐部或者户外运动参与者不购买保险，还有很多参与者买的不是户外运动专用险，处于无效保险的状态。

2006 年，中体保险经纪有限公司和太平保险公司联合推出了“登山户外运动专项保险”，主要面向户外运动俱乐部，涵盖了户外运动俱乐部在组织户外活动时因过失或疏忽等主观原因导致参加者的人身伤亡，依法应由被保险人承担的民事赔偿责任、在日常经营活动中因意外造成的第三者人身伤亡或财物损失的民事赔偿责任、商品食品饮料责任等。它成为当时我国保险市场上唯一的专项登山户外运动保险，填补了我国在户外运动专项保险方面的空白。

2009 年，中国登山协会、中体保险经纪有限公司、大众保险股份有限公司联手推出了“天涯行”登山及户外运动个人意外伤害保险，该险种涵盖 1 ～ 70 周岁的自然人，扩展承保猝死、突发性疾病等，还对特殊活动提供了针对性的保障方案。

2014 年，绿野网联合安盛天平保险、百川保险推出了“领队无忧”责任险，该险种首次把户外领队作为一种职业，承保其在组织户外活动过程中因过失造成事故所应承担的法律赔偿。2017 年，华泰保险推出“拉磨一整年”户外专项年度保险，为户外爱好者日常的活动提供保障，承保日常活动中的意外，也承保外出旅行可能从事的高风险户外运动。

二、户外运动专项保险体系有待完善

户外运动保险逐渐增多，多家保险公司或独立或与户外俱乐部网站合作推出了户外运动的险种，包括太平洋保险公司的慧择“户外无忧”户外运动保险、永安保险推出的“众行天下”高额户外运动保障、中国大地保险推出的“众行天下”随心配旅行保障计划（含高风险运动）等，虽然各种各样的户外保险被相继推出，但是当前我国户外保险的投保状况却不容乐观。据相关统计，目前我国每年至少有 5 万户外运动参与者大多处于无保险或无有效保险的状态，我国户外保险仍存在很大的问题。

户外保险的险种仍有很大局限，体育保险市场不完善，户外运动专项险少。在我国的户外保险种类上，像雷击、山洪这类不可抗力造成的人身损失，除非特别约定，都并不在被保范围，其他众多与旅游相关的户外险种多只理赔到意外身故、医疗运送等，实用价值不高，使得户外运动参加者即使购买了保险也处于无效保险状态；而且由于“驴友”的户外活动存在时间短、投保低、风险大、赔付高的特点，大多数的保险公司都只接受有资质的户外俱乐部和团体的投保，不接受户外运动参加者以个人名义的投保。

已推出的专项保险存在宣传力度不够等问题，很多户外运动参加者对其不了解、事故发生后的理赔比较烦琐等因素，导致很多户外运动俱乐部或者户外运动参与者不购买保险；一些户外运动俱乐部为了招揽会员参加活动和降低成本，或不为户外运动参加者进行投保，或尽可能地漏掉户外运动专项险，以旅游意外险代替，使广大户外运动参加者处于无保险或无效保险状态；对于一些个人行为、AA 等组织形式的户外运动参加者，很多人由于对户外保险认识不足、存在侥幸心理、事后理赔烦琐等原因，多会忽视户外运动专项险，将自身置于无保险的状态。

户外运动专项保险不仅应当包括针对户外俱乐部、领队、户外运动参加者的风险承保，还应当包括对户外救援的保险。以太平洋保险和平安保险两家公司为例，在其首页上进行搜索，没有发现针对救援人员设置的保险。有户外救援队的队员就指出，由于救援队员的工作特殊性，我国的保险公司对队员的人身伤害保险也不愿接单，他们只好在网络上购买国外的保险。

第五节　环境保护方面存在缺失

一、环境保护意识欠缺

在日益倡导可持续发展、绿色文明、生态文明的今天，户外运动对环境带来的冲击更引人关注，然而我国户外运动参加者在活动过程中环境、生态的保护意识淡薄，往往忽略环境保护。人们在参与户外运动时，往往忽视户外自然资源的保护，岂不知户外运动必须以户外自然环境资源为依托，只有注重户外环境和生态的保护，才能实现户外资源的永续利用及户外运动参加者与户外生态环境的和谐共存。

随着户外运动井喷式的发展，户外运动业内“低价”或“无价”开发利用自然生态环境被视为理所应当，造成了生态环境极大的破坏，迄今虽然没有权威的统计数据佐证户外运动对环境破坏的严重程度，但“户外运动游憩地生态环境破坏行为持续增长且无法得到有效遏制”的观点得到了普遍的认可。

二、户外运动对环境的破坏

户外运动对环境的破坏是指由于户外运动而造成的向水源、土壤、大气等自然环境排放有害物质带来的污染，如户外运动参加者和爱好者丢弃的绳索、废氧气瓶、旧帐篷、烟蒂、食品包装袋、空罐头盒等废弃物，以及由于不合理开发和利用自然资源造成的生态破坏，如对植物造成的不可恢复的踩踏或焚烧、在树木上使用器械或绳索、驱赶或捕杀动物、带入外地物种等。以珠穆朗玛峰为例，据喜马拉雅数据库显示，每年都有 7 万到 10 万名游客涌向珠穆朗玛峰大本营，虽然登顶者寥寥无几，但这些游客却留下了大量的垃圾。根据联合国环境规划署提供的数据，自 20 世纪 50 年代首次有登山者进驻珠峰以来，共有超过 140 吨垃圾被留在了这里，也包括留下的 12 吨排泄物。而要把珠峰上的垃圾全部清理干净，至少需要 10 年时间。

中国登山协会倡导我国应当开展“安全、科学、环保”的户外运动，表明对户外环境和生态的保护开始在国内引起关注。但我国户外运动起步晚，户外参与者对于户外环境保护的意识较薄弱，这也与户外生态环境破坏成本低且缺乏相应的惩罚机制有关，户外环境资源的开放性和共享性导致人们将随意破坏生态环境视为理所当然，缺乏健康环保的户外意识，而这种消极不利的意识势必将造成越来越多的户外运动自然场地被户外爱好者抛弃。

第六章　现代户外运动的组织与管理

第一节　户外运动教学的组织

一、户外运动教学概述

（一）户外运动教学的含义

户外运动自 20 世纪 80 年代传入我国后，深受群众欢迎。随着在我国的日益发展，户外运动逐渐被引入高校教学。

20 世纪 80 年代，中国地质大学（武汉）根据地质专业的特点，把登山训练引入课堂教学，把登山的基本技术——攀岩确定为学校体育必修课教学项目。

20 世纪 90 年代中期，随着体育教学改革的不断深入及大学生综合素质教育的全面推行，中国地质大学（武汉）根据学校专业特点及教学优势，在“地质大体育观”体育教学理念的指导下，在国内首创了集体育学、地理学、管理学、气象学、医学等学科为一体的野外生存体验课，引入了智力与体力相结合的体育项目——定向越野。

2002 年，教育部颁布了《全国普通高等学校体育课程教学指导纲要》，提出体育教学要“培养学生能参加有挑战性的野外活动和运动竞赛”的目标。按照该精神，中国地质大学（武汉）率先开设了“户外运动”普修课，主要以野外生存体验、定向越野、攀岩、拓展运动为教学内容，传授户外运动的基本理论知识和实践技术，使学生发掘自身潜能，锻造自我超越意识，培养高度责任心以及独立观察、思考和判断能力，培养团结互助、密切配合的团队精神。

此后，华东师范大学、南京体育学院、浙江师范大学、浙江工商大学、浙江林学院等 100 多所高校也相继开展野外生存体验课程教学，户外运动教学在高校形成了一定规模。尤其值得一提的是高校户外运动课程的“发源地”——中国地质大学（武汉），近年来，该校户外运动蓬勃发展，其教学内容、方法、手段以及组织形式不断完善，已经形成了一套较科学、系统的“课内课外相结合”的教学模式，并于 2005 年成立了体育系，开始招收社会体育（户外运动）本科专业学生；2007 年，开始招收户外运动理论与实践方向的体育教育训练学硕士研究生。中国地质大学（武汉）特色体育项目由 20 世纪 50 至 60 年代的登山发展到如今集攀岩、定向越野、野外生存、拓展训练为一体的“户外运动”综合课程，其采用别开生面的形式，在大自然中进行教学、训练、体验，改“应试教育”为“素质教育”，取得了较好的效果，得到了广大师生和社会各界的普遍认同。

那么，究竟如何界定户外运动教学呢？户外运动教学是指在教师有目的、有计划、有组织的指导下，学生积极主动地学习和掌握系统的户外运动基础理论知识和基本技能，从而促进提高学生身体素质、心理品质和适应能力的一种教育活动。户外运动教学是完成体育教育任务的基本途径之一，是以户外运动（包含野外生存、攀岩、定向越野、拓展运动等多个项目）体育课为主要组织形式实施的。

（二）户外运动教学的体系

1. 户外运动教学内容体系理论

（1）良好的身体素质，健康、成熟的心理品质及基本的户外理论知识、技术技能是完成户外运动教学的必备素质。身体素质、心理素质、理论知识、技术技能都能通过教学方式来获取。

（2）通过在郊外或学校周边，利用自然环境条件进行有针对性的练习，以达到户外运动所必备的素质。

（3）户外运动的理论知识、技术技能（如攀爬技术、野外方向的判定、自制用具、疾病防治等），可通过专门的理论与技术训练及实践操作课的教学来获取。

（4）户外特殊环境中所需具备的心理素质，可通过拓展运动训练来培养。拓展运动心理训练是利用户外活动形式，模拟真实情景，对参加者进行心理和管理两方面的培训。其主要是通过练习一些具有心理挑战的项目（高空抓杠、信任背摔、绝处逃生、搭人梯等），达到训练、提高心理素质的目的。

2. 户外运动教学内容的结构体系

户外运动教学内容的结构体系由户外运动理论、户外运动实践和户外运动综合训练三部分组成。理论教学包括户外运动概论、定向运动、生存的技能技巧、户外医学、饮食卫生、危险因素、自救求救等内容；实践部分的内容则更加丰富，包括身体、心理、技术和技能四个方面的训练；通过对户外运动理论知识的学习和配套的实践训练后，采取野外生存综合训练的方式对学生掌握户外运动技术技能的水平进行检验。

3. 户外运动教学的教学大纲

（1）优化理论课与实践课的学时搭配结构。通过对学生评价、教师评价以及教学效果的信息进行归纳分析，我们从原有的理论课 16 学时、实践课 16 学时、教学考核 2 学时的教学安排，逐步变化成理论课 10 学时、实践课 22 学时、教学考核 4 学时，注重学生实际操作及动手能力的培养。

（2）优化调整教学计划。通过对教学效果、学生反馈的信息进行归纳分析，对教学内容的先后顺序进行调整，使其更科学、更符合户外运动教学特点及教学效果更加良好。完善户外运动课的教学大纲，对教学的进度、内容、任务、组织方法做出具体的安排。

（三）户外运动教学的特色

1. 教学目标多重性

通过传授学习以户外运动项目群所共有的基本知识、技术、技能，培养学生参与户外运动及相关竞赛所必需的身体素质、成熟的心理品质和适应能力。除此之外，在户外运动的教学实践中，学习和培养团队协作精神，锻造顽强、坚忍的意志品质，也是户外运动教学的重要目标。

2. 教学内容多元性

户外运动教学内容丰富，适应在校大学生的年龄特点。教学内容突出知识性、实用性和安全性，强调素质教育，尊重学生的人格，重视发掘学生的个性，培养学生综合能力，培养学生形成健全的人格，是高校体育教学建设、发展的方向。

3. 教学手段多样性

相对于普通体育项目教学，户外运动的教学手段更加丰富多样。其不仅有理论知识的课堂教学，也有实践部分的野外实习，还有生存综合训练。形式各样的教学手段保证了学生在课堂上学习户外基础知识，在野外环境中实践技能，从而使学生非常轻松、有效地掌握各种户外运动知识与技能。

（三）户外运动教学的目标

结合户外运动教学的不同内容，可以达到以下具体目标。

（1）通过学习户外运动基本理论知识，使学生了解户外运动的起源、发展、特点、目的和意义，激发学生的学习兴趣。

（2）通过学习和掌握身体素质练习方法，使学生充分认识到良好的身体素质是进行户外运动的先决条件，学会编制个人锻炼计划。

（3）通过学习户外医学，使学生掌握常见运动创伤的处置方法，增强自我保护的意识、知识及能力。

（4）通过拓展心理训练，培养学生有效沟通的技巧、团队协作精神；发掘自身潜能，促使产生自我超越意识；培养高度责任心及队员之间的信任合作。

（5）通过学习攀岩，使学生了解攀岩运动的起源、发展、技术特点和意义，掌握结绳和攀岩保护方法，掌握攀登技术、下降技术，培养勇敢、积极向上的精神及团结互助、超越自我的精神。

（6）通过定向穿越的学习，使学生充分认识野外定向在户外运动中的重要作用，掌握野外定向的基本知识，熟练地使用地图和指北针，培养独立观察、思考和判断的能力，培养团结互助、密切配合的团队精神。

（7）通过野外用具制作，培养学生的动手、动脑能力，培养团队协作精神。

（8）通过装备使用及生活技能技巧的学习，使学生学会野外生活的特殊技能，提高在特殊环境下的生存能力。

（9）通过野外生存知识的学习，学会野外生活的特殊技能，提高特殊环境下的生存能力。

（10）通过负重行军、丛林穿越、涉水溯溪、扎筏漂流、搭绳过涧、攀岩、岩降、独木桥、野外定向、修建营地、埋锅造饭、篝火晚会等野外生存综合训练，培养学生吃苦耐劳精神；锻炼学生勇敢顽强的意志品质、挑战自我及发掘自身潜能；培养学生互相帮助、团结协作的团队精神；学会与自然挑战，使学生具有独立参加有挑战性的野外活动和运动竞赛的勇气和能力。

二、户外运动教学的组织实施与教学考核

（一）户外运动教学的组织实施

1. 教学准备

（1）户外运动教学的时间安排为1个学期。在开展户外运动教学前一学期，应通过学校教务部门和体育教学部门主页、通知公告宣传栏等处，介绍户外运动课程教学的基本情况及管理办法，包括户外运动教学的主要内容、师资、教学手段、开课时间、考核办法等，均应有较详细的介绍。

（2）户外运动教学分为必修课和选修课两种类型，在校学生通过学校教务系统的选课系统，自愿选课参加学习，并适当交纳野外生存综合训练所需费用。对于体育课教学计划的安排，各高校存在一定差异。目前，我国大部分高校将体育课作为通识教育课，在大学第一至第四学期（大学一、二两个年级）开设。部分高校经过教学改革，在规定体育课必修学分（通常为4个学分）的基础上，允许在校本科生在大学一到四年级共八个学期中，任意选择四个学期进行公共体育课学习。例如，中国地质大学（武汉）普通本科生可以在任何一个学期，通过校园网自由选择选修户外运动公共体育课或其他项目体育课。考虑到户外运动教学的实践部分，在野外生存综合训练时因在食品、装备、交通等方面的实际费用支出，按照学校规定，对每名学生要酌情收取一定费用。

（3）统一组织、合理利用教学资源。理论课合班进行教学；实践课以班为单位进行教学，每班人数控制在30人左右。

（4）师资安排。根据户外运动课程教学大纲要求，户外运动教学的内容非常广泛，因此师资团队的组成必须做到科学合理、精干高效。一般而言，理论课的教学需要5～6名教师，野外实习需要7～8名指导教师或教练。理论课教师必须具备深厚的户外运动理论功底和丰富的实践教学经验；野外实习指导教师则更强调具备熟练、灵巧的实践操作能力，以及现场突发情况的控制能力。

2. 教学方式及相关内容

（1）教学采用理论与实践相结合的方式。综合训练作为教学的延伸，通常安排在学期末的周末。

（2）理论课运用多媒体课堂教学，实践课则在野外自然环境中进行，并注重学生户外运动技术、技能及生存技术、技能的培养，尽量让学生根据所学的知识自己解决问题，以培养学生的创新、动手及应变能力；综合训练是对学

生学习效果及综合素质的全面考核，安排在理论实践课后进行。

（3）在实践课和综合训练过程中，指导教师根据教学要求，对学生进行分组（5～8人1组，男、女生搭配），实行组长负责制，户外大部分活动以组为单位进行练习，采取互动式教学。

（4）身体素质练习贯穿于实践课的全过程。一般安排在教学结束前进行，练习时间为20～30分钟。

（5）综合训练应选择在经过勘查的、十分成熟的、复杂多变的山区进行，采用基地式、穿越式、混合式和特殊式四种不同的方式训练。没有条件的可选择在公园、城市周边的农村进行训练。

（6）综合训练时，将食品、装备一并发放给各小组，各小组自行安排食品计划。在教师的严格控制下，有条件时让学生识别采集（捕获）一些可以食用的动植物。教学中应注重培养学生的生态环境保护意识。

（7）根据训练基地的实际情况安排攀岩、速降、滑冰、搭绳过涧、丛林穿越等项目的技术训练。

（二）户外运动教学的注意事项

（1）外出进行野外实践练习前，必须将各项安全事项向学生通告，引起每名学生的足够重视。

（2）指导教师中必须有一人具备丰富的医疗经验，有条件的应尽量配备专职队医（可兼职做实习指导工作）。

（3）每个小组应安排一位教师处理紧急情况，确保训练安全。

（4）野外生存生活训练的时间安排应固定，但可根据具体情况适当地调整训练计划和要求。

（5）一切实践活动的开展首先须确保师生人身安全，如有学生因个人身体原因实在无法完成训练任务，可以放弃。

（三）教学考核

（1）教学考核的内容包括理论考核、实践操作考核和野外生存生活综合评定。

（2）理论考核占总成绩的30%，考核内容包括所有课堂讲授的户外运动知识；实践操作考核占总成绩的20%，考核内容包括技能技巧（在攀岩、定向越野、野外生存等项目中，采取抽签的方法考核其中一项）；野外生存生活综合评定占总成绩的50%，教师应根据学生在户外的表现进行综合评定。

第二节　户外运动的赛事管理与活动策划

一、户外运动赛事管理概述

弄清户外运动竞赛的含义与属性，了解户外运动竞赛的内容、种类与意义，明确户外运动竞赛管理的目的、任务，掌握竞赛管理的基本原则，是对户外运动竞赛进行科学组织管理的重要前提。

（一）户外运动竞赛的概念

户外运动竞赛是指为了达到强身健体、愉悦身心、自我完善、夺取优异运动成绩、丰富业余文化生活、促进户外运动事业和社会经济发展的目的，以运动项目或身体练习为内容，运用一定的自然环境和人工非运动目的的建筑物作为场地，在裁判员的主持下，依据规则而组织实施的个人或集体的体力、智力、技艺和心理水平的相互较量的活动过程。

其主要包含以下几层意思。

（1）户外运动竞赛是集体力、智力、技艺和心理诸方面的较量，它既包括竞技运动方面的竞赛活动，又包括群众体育方面的竞赛活动。

（2）户外运动竞赛必须有互为对手的参加者，参加者可以是运动员个体，也可以是运动员集体。

（3）户外运动竞赛离不开场地、器材等一定的物质条件和经费、时间的保证。

（4）户外运动竞赛必须按照事先规定的统一规则、统一办法进行。

（5）户外运动竞赛由裁判员主持进行。裁判员是竞赛规则的执行者，对比赛的进行做出安排，以及对比赛的结果进行裁判。

（6）户外运动竞赛的目的具有综合性，其直接目的是争取优胜，终极目的是为社会发展和经济建设服务。

根据对户外运动竞赛概念的理解和系统分析的理论，任何一项户外运动比赛活动，都是由参加活动人群、竞赛活动物质条件和竞赛活动的组织管理三个子系统组成。竞赛管理者的责任就在于通过科学的组织，使这三个子系统围绕竞赛活动的目标和谐有序地运作。

（二）户外运动竞赛的基本特征

户外运动竞赛作为人类社会的一种特殊活动，它具有以下特征。

1. 参赛目标的竞争性

任何一场户外运动比赛都有一定数量的参加者，在比赛中参加者之间互为对手，并按统一制定的规则、规程进行竞赛，通过一系列的竞赛行为，分出强弱、优劣、先后、对错、新旧，选出最出色的选手。无论参赛者人数有多少，竞赛结束时，也只有极少数选手能成为优胜者，并获得精神方面的殊荣与相应的物质收益。因此，参赛选手们都竭尽全力争取比赛的胜利，将其作为参加锻炼、训练和参加比赛的主要目标。显然，比赛的层次级别越高，参加者的面越广，竞争的强度也就越大。

可见，竞争是户外运动竞赛的一个基本特征，无论参赛目的和动机如何复杂，竞争的对抗形式怎样相异，但取胜总是户外运动竞赛最基本和最直接的目的。没有竞争性的较量，不能算作真正的竞赛。

2. 竞赛条件的制约性

竞赛条件对竞赛行为予以制约，这是任何竞赛活动与个体自身的运动行为的一个重要区别。不论是近代竞技运动项目的对抗，还是大众传统趣味项目的竞争；也不论是正规性的较量，还是非正规性的角逐，都必须建立相应的竞赛“法规”机构体系与机制运行规范，对参与竞赛活动的所有人群（参赛运动员、教练员、裁判员）和整个竞赛工作（包括赛前工作、赛中工作和赛后工作）提出严格的制约条件，使比赛严格按照预定的统一规程、规则及组织管理办法顺利进行。任何类型的户外运动竞赛，都应该是在既定条件之下的公正、平等的竞争。

3. 竞赛过程及结果的不确定性

竞赛的整个过程都处于动态的、事先无法预料的变化之中，比赛的双方都始终在不断地观察竞技场上的形势，并及时调整战略，采取新的战术，力求己方超水平发挥，并抑制对方的优势，这就构成了赛场上双方胜负形势的不断变化。比赛结果同样表现出不确定性。由于影响因素极其复杂，如运动员竞技能力及其临场状态、教练员的指挥水平和艺术、竞赛环境（包括场地器材、地理气候、观众气氛等）、裁判员的道德和业务水平及临场发挥、竞赛的组织与管理工作等因素的随机变化，都可能导致比赛结果截然不同。竞赛过程及结果的不确定性，正是户外运动竞赛的巨大魅力之所在，但也增加了竞赛组织者和参加者调控的难度。

4. 竞赛信息的扩散性

由于体育具有多元辐射功能，户外运动竞赛必然要走社会化道路，并需运用某些商业化手段，以及需要借助媒体与日俱增、高效快捷的信息传播技术、手段，还由于体育竞赛结果普遍为社会密切关注，致使现代竞赛信息具有迅速扩散的特性。比赛级别越高，比赛内容和形式越新奇，参加者的面就越广；竞争的强度越大，社会政治、经济对竞赛的介入程度越深，其信息扩散的速度则越快，影响力越大。信息扩散性的特点，为充分发挥现代竞赛推动社会精神文明与物质文明发展的功用提供了可能条件。

（三）户外运动竞赛的内容

户外运动竞赛的内容取决于户外运动项目的设置与开展情况。随着户外运动的不断进步，户外运动竞赛的内容也日趋丰富，既有竞技比赛的项目，也有大众活动的项目。根据国内学者王蒲的研究成果，若以竞赛的检测手段为标准，可以将众多的体育竞赛项目归为两个大类：一类是以客观参数为检测手段，依据取得参数值的大小作为评定竞赛成绩的指标，称为“竞争性项目”；另一类是以参赛成员为检测手段，依据战胜对手的多少作为评定竞赛成绩的指标，称为“对抗性项目”。这两大类项目可进一步作如下划分。按照上述划分标准，户外运动绝大部分赛事以完成规定比赛项目的时间多少来决定胜负，因此应该属于时间竞争类项目（图 6–1）。

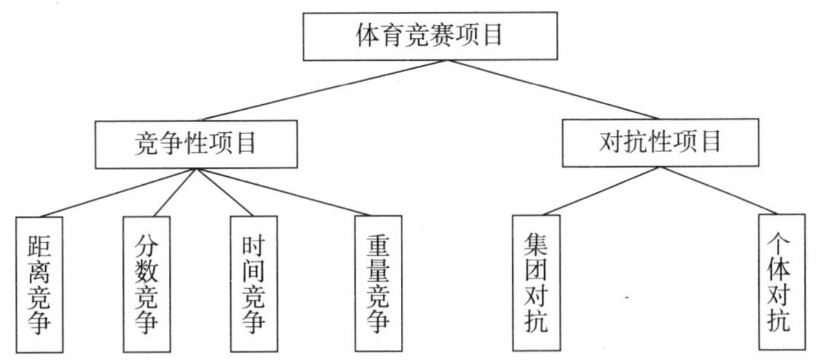

图 6–1　体育竞赛项目分类

（四）户外运动竞赛的种类

户外运动竞赛种类很多，由于分类标准不同，分类方法也不同。常用的分类方法有以下几种。

1. 按竞赛的约束条件分类

（1）正规比赛。正规比赛是指严格按照国家体育总局正式审定的项目竞赛规则、裁判法及场地器材标准进行的综合性运动会和单项竞赛。此类比赛多为竞技体育项目的比赛。

（2）非正规比赛。非正规比赛是指完全按照自行制定的竞赛规则、规程、方法进行，或对国家体育总局正式审定的项目竞赛规则、办法进行某种程度变通使用的比赛。此类比赛多为大众体育项目比赛，户外运动大部分比赛属于此类。

2. 按竞赛项目的数量分类

（1）综合性竞赛。它是一系列单项锦标赛集中在一次户外运动竞赛进行的综合比赛形式。其特点是项目多、规模大、组织工作比较复杂、注重礼仪程序，如 2009 年全国山地运动会"露营大会"。

（2）单项竞赛。单项竞赛主要指单独进行的一个户外运动项目的比赛。为了增强竞争的激烈性，它往往采用锦标赛或杯赛的形式，使之成为该项目水平最高的竞赛。其特点是项目单一，便于组织，如攀岩世界杯赛。

3. 按竞赛的目的任务分类

（1）锦标赛。锦标赛是指集体项目按规定的名次，单项按规定报名标准组织的比赛，各运动队根据自己在前一届比赛中取得的名次或成绩按规定报名参赛。凡能够计算单项团体总分的竞赛项目，在锦标赛中一般都计算单项赛团体总分。

（2）冠军赛。冠军赛它是按规定的报名标准组织的单项比赛。此种比赛一般只计单项名次，不计团体总分。

（3）邀请赛。邀请赛由东道主发起，邀请外队在主办单位所在地进行比赛。其目的在于通过比赛，互相学习，促进团结与友谊。主办单位一般尽较多义务，承担主要的竞赛经费。

（4）选拔赛。选拔赛是一种吸引、发现、鉴别和挑选运动人才（有一定技术水平）的专门竞赛。这种比赛一般根据运动员或运动队的素质、技术条件和培训价值的情况，经过多层次的实际比赛及多角度地反复观察和筛选，最后挑选出一定数量的技术尖子，补充已有的运动队，或组建新的运动队。此类比赛的主要任务是挑选人才，而不是比赛出各队的成绩和名次。根据需要，也可在原组织场次基础上附加竞赛活动。

（5）表演赛。表演赛是为了倡导、宣传、示范、推广某项运动，活跃文化生活，或是为某种特定目的（如赈灾或某项事业）征集资金而组织的比赛。其主要目的是为充分发挥运动员的技术、战术，表现出精彩场面，使观众从中得到启发和享受，一般不过分追求胜负名次。

（6）友谊赛。友谊赛是为了交流经验、增进团结和友谊而举行的比赛。

（7）对抗赛。对抗赛是同一级别或水平相当的运动队之间，按同等条件参加的比赛。其目的在于检验运动技术水平和提高训练质量，相互交流经验，取长补短，增进友谊。其特点是竞争性强，注重比赛胜负，不受制度时间限制，对抗赛可根据训练阶段协商进行。

（8）冠杯名赛。冠杯名赛是近年来我国社会办体育的新产物，是将体育竞争与企业竞争融为一体的比赛，即在正规比赛或非正规比赛中，以赞助单位名称，或以赞助单位的产品、名称，或以某种带理想（或精神）指向的象征性名称作为杯名的比赛。其目的有两个方面：一是使体育得到企业的经费赞助，弥补自身资金不足；二是使企业和产品提高知名度，获得最佳广告效果。

二、户外运动赛事活动策划

户外运动赛事的策划是指根据需要和可行性，科学、及时并有预见性地制定达到一定目标的未来的竞赛工作的行动方案，并通过既定的行动方案对全国、地方和部门单位的户外运动竞赛活动进行有目的组织协调与监督控制。计划工作，是户外运动竞赛科学化管理的基本前提与首要环节。在市场经济条件下，我国竞赛资源、管理权力和利益由国家与社会共享，更加强调运动竞赛计划管理的科学性、针对性和有效性。户外运动竞赛计划工作的重点是竞赛计划、组织方案和竞赛规程的编制。

（一）户外运动竞赛计划的编制

1. 户外运动竞赛计划的种类

常用的划分方法有：按照计划的范围可分为全国竞赛计划、地方竞赛计划和基层单位竞赛计划；按照计划的时限可分为多年竞赛计划和年度竞赛计划。

2. 户外运动竞赛计划的基本内容

（1）计划纲要。计划纲要是竞赛计划的文字说明。撰写时一般应简明扼要地说明编制竞赛计划的指导思想、面临的形势和任务、报告期完成情况、计划期竞赛种类与规模、执行计划的步骤方法与措施等内容。

（2）计划项目与日程安排。以表格形式直观、形象、具体地说明计划期内的竞赛名称、项目组别、参加对象、日期地点、主办及承办单位等内容。

运动竞赛计划安排表的表格形式既可由上级主管部门统一规定，也可根据本地实际情况自行设计，其目的是便于直观、形象、清晰地表现运动竞赛的种类、规模、具体日程安排等内容。从国家到地方，由于各层次竞赛管理的能级差异，竞赛计划的表格形式也不尽相同。级别层次越高，其表格形式和内容则越简单粗略，而越往基层则越细致、具体。常用的表格形式有单项型、综合型、简易型等几种。

3. 影响户外运动竞赛计划编制的主要因素

制订竞赛计划时，事先必须周密地进行分析和通盘考虑其相关的影响因素。其主要有以下影响因素。

（1）比赛经费。安排竞赛活动的基本依据是竞赛经费的需求量与供给量。应综合考虑经费来源、经费保障和筹资计划，尤其要对专项拨款、社会集资、个人出资、减免优惠、产业开发和负债筹资的合法性、合理性、可靠性、可行性、有效性进行科学和审慎地分析。

（2）比赛形式。比赛形式的确定，要充分考虑组织竞赛的目的和任务、竞赛的组织系统、竞赛参加者的年龄、性别与水平、竞赛项目数量、不同赛制方法各自的特点及适用范围等方面因素。

（3）比赛时间。制订竞赛计划时，应考虑各项竞赛的时间安排：上级对竞赛计划的时间规定、历年举行竞赛的传统时间、比赛举办地气象规律、全部竞赛所需时间和行业、职业特点，以及节假日、纪念日等因素。

（4）比赛地点。选择比赛地点时应考虑交通接待条件、场地设备基础、电讯、计算机与传媒保障、申办地居民兴趣与欣赏水平、举办和参加竞赛的经验及组织管理水平，以及兼顾比赛地点的流动性。某些重要赛事地点的选择，有时还需要考虑选拔赛与正式比赛地点两相适应问题。

（5）比赛规模。比赛规模是否适度，将直接影响竞赛工作效率和管理效益。比赛规模的控制要以能够完成比赛任务为前提，要严格掌握工作人员数量，要合理确定场地设施、食宿交通的登记标准与接待规格，要注意规范比赛的礼仪安排。

4. 户外运动竞赛计划的编制步骤

编制步骤反映了竞赛计划从酝酿到最后形成全过程的规律性。它首先是确定计划目标，明确竞赛活动希望达到的目标、水平和标准。其次是收集信息，其主要收集以下方面的信息：计划期内提出的户外运动战略目标和方针政策；国内外户外运动形势；上级竞赛活动安排；运动队的数量、水平与项目设置情况；国家、地方、部门以及社会组织的财政力量；国家和地方的运动与生活设施、设备建设情况；竞赛干部和裁判员的数量与水平等，为竞赛计划的制订提供基础。再次是进行分析预测，根据国内外比赛安排及各参赛队的变化情况，进行系统地单项预测和综合预测。最后，在预测的基础上，全面衡量，统筹安排人、财、物、时间等竞赛资源和各种主要比例关系，拟订出备选方案。第五，在综合平衡的基础上进行论证、评估、选优，确定正式计划方案，经主管部门批准后，下达执行。

（二）户外运动竞赛计划的实施

户外运动竞赛计划通过申办、招标和主办、承办、协办、参加等具体途径变为现实。

1. 竞赛招标

（1）竞赛招标的概念。竞赛招标是商业性的运作方式，它包含两层含义：一方面是运动竞赛计划主管部门按照规定条件对竞赛计划项目发布招标公告（或通知），择优选择应征者；另一方面是应征者报出相应要价和条件，试图通过竞争为招标者选中，以获得竞赛的承办权。

2. 竞赛申办

（1）竞赛申办的概念（此处三行内容下调到竞赛招标程序下面，作为与招标并列的第二点）申办是一级政府的权利和义务，它以政府的组织名义，提交申请举办报告，按照规定条件和法定程序，通过竞争与协商试图获得大型综合性运动会的承办权。

（2）竞赛招标程序。

①招标。竞赛计划主管部门提前印发运动竞赛招标计划通知，发布招标项目、招标条件和招标办法，提供投标意向书和文件资料。

②投标。投标单位接受招标申请，通过投标资格审查以后，领取招标文件和资料，经权衡后填写及报送标函，即投标书。

③开标与评标。竞赛计划项目的招标者在规定时间和地点召开专门的竞赛招标会议，开启应征者标函，对投标资料进行质量、价格和条件等方面的评议比较与权衡协商，确定中标单位。如都不满意，可另订日期再行招标。

④签订合同。招标、中标双方签订竞赛协议书，履行公证手续，同时对未中标的投标者发出通知，收回招标文件和资料，宣布招标工作结束。

根据我国经济合同法的有关规定，竞赛协议书一般须具备以下内容：具有法人资格的双方或数方（当事人）；标的（竞赛项目数量和质量、承办基本条件和具体要求）；价款（经费额）；履行的时间、地点和期限；违约罚则和奖励条件；其他有关事项。

（2）申办单位应具备的基本条件。申办单位应具备以下条件：

①当地党政部门支持举办运动会；②当地政府可靠的财政保证；③安定的社会环境和良好的社会秩序；④为参加者及有关人员、新闻记者等提供良好的食宿、交通等接待条件和工作条件的保障；⑤具备符合国际标准或国内技术标准的竞赛场地设施和器材；⑥采用分散与集中相结合的举办形式时，开、闭幕式和能集中在一地举办的项目数量符合有关规定；⑦具备较高的竞赛组织管理水平；⑧具有符合竞赛需要的电子计算机、邮电通信、电视转播等技术条件保障。

（3）申办工作程序。

①申请。竞赛主管部门向各地寄发询问信，介绍运动会的基本情况，了解申办意向，申办者根据申办工作的总体要求提交书面申请和申办报告。

申办报告应包括以下内容：申办单位概况（城市特征、经济、社会治安、气象条件、环境、安全保卫、医疗卫生系统等）；竞赛基本条件（现有设施和修、改、扩建情况，各项目安排设想、场地器材设备条件、医疗和兴奋剂检查条件等）；接待条件（接待工作方案，如食宿、交通、安保等）；电子计算机、邮电通信、电视转播的保障数据处理系统的技术设施、计算机信息系统、城市电信现状及发展计划、新闻媒介、新闻中心位置及提供的服务设施水平等筹资计划、经费来源、经费保障；举办和参加体育竞赛的经验，组织管理水平。

②考察。申办单位提交申办报告后，由有关政府部门组成考察委员会，根据申办单位应具备的基本条件，对申办单位进行实地考察，在充分考察、审核的基础上，提交考察报告。

③民主协商。在一定范围内（举行申办协商会议）由申办单位介绍申办情况或宣读申办报告，由考察委员会介绍考察情况或公布考察报告，实行公开、公平竞争。经民主协商提出初步意见和方案。

④确定公布。在充分民主协商的基础上，将初步意见报主管部门和上级政府，待批准后正式公布承办单位。

3. 主办、承办、协办和参加

任何单位承办高一层次以上的比赛，都必须由主办单位首先提出基础方案，再由承办者提出可行性意见，在征得同层次主管部门的同意后方可正式承接比赛。主办单位对竞赛的组织管理负总责，拥有竞赛经费的下拨权、竞赛规程的制发、补充、修改和解释权，以及竞赛组织管理的指导监督权。承办单位则负责执行竞赛计划与规程，协助制发补充规程等具体事宜。承办与主办的区别在于竞赛工作的主要责任者与具体组织比赛组织者是否分离。

户外运动主管部门、社会群众团体和其他部门主办本层次的比赛活动，均由本部门（或组织）的主管部门领导牵头统一指挥，由本单位（或组织）所属的具体职能部门负责对竞赛、宣传、后勤、保卫等各项业务工作进行直接具体的组织。主办竞赛时，组织机构由本单位或本系统职能机构的工作人员组成，上一级业务部门一般派员参加组委会的工作。

协办指有关单位或个人以协助者或协作者的身份，通过各种手段与途径协助竞赛的主办或承办。对于列入计划需要派队参加的竞赛活动，则应按照竞赛计划与竞赛规程，认真做好选拔、组队、训练、管理等备战工作，以良好的竞技状态按时赴赛。

（三）户外运动竞赛组织方案

在竞赛计划的统一部署安排下，一项竞赛活动有步骤地展开，必须首先进行总体的设计构想并提出基础方案。组织方案大致有以下内容。

（1）比赛名称、目的和任务。根据比赛的内容、性质、赛制、时间和规模等因素确定比赛名称；根据比赛性质、项目特点和本地区、本部门的中心工作确定比赛的目的和任务。

（2）比赛主办与承办单位。

（3）比赛时间与地点。

（4）比赛规模。比赛规模包括参加者范围、比赛等级、场馆档次与数量等。

（5）比赛的组织机构。比赛的组织机构包括职能机构设置和工作岗位配备的数量。

（6）经费预算。经费预算包括竞赛经费来源与筹资计划、经费使用原则与使用范围、收支计划与增收节支措施等。

（7）工作步骤。确定竞赛整体工作的阶段划分和各阶段的工作重点与具体步骤。

（四）户外运动竞赛规程

竞赛规程是户外运动竞赛计划和组织方案的延伸与具体化，对运动竞赛具有导向作用、组织规范作用和激励作用。虽然竞赛规程和竞赛规则都是竞赛活动的基本依据和具体法规，共同保证竞技的可比性与竞争的公平性，对竞赛的组织者和参加者都具有普遍指导与约束意义，但它们却有区别。前者侧重于竞赛活动组织管理的政策规定；后者则侧重于竞赛行为的技术规范及承认运动成绩的有关场地、器材、裁判等条件的规定。

竞赛规程由竞赛主管部门制定。单项竞赛活动需制定单项规程。综合性户外比赛由于项目多，共性问题也多，因此需同时制定竞赛规程总则（总规程）和单项规程。

1. 制定竞赛规程的依据

（1）竞赛规程要以竞赛的目标任务为依据，为竞赛的目标任务服务。

（2）竞赛规程要遵循竞赛计划，虽允许根据现实需要做必要的修改补充，但不应完全脱离计划。

（3）竞赛规程要与国家颁布的方针、政策、法规相适应，并与体育竞赛制度、国际体育组织与国内竞赛的有关规定协调配套。

（4）竞赛规程要符合客观实际。既符合国家、地区情况和户外运动项目的实际情况，又反映国际、国内户外运动发展水平和趋势，以及运动员同广大群众对运动竞赛的需求状况。

2. 制定竞赛规程的原则

（1）目的性原则。竞赛规程应体现竞赛的举办宗旨，体现为组织管理目的任务服务的思想。

（2）系统性原则。竞赛规程应从整体上把握各相关因素，尽可能地兼顾各方面的需求，充分考虑各种条件和可能发生的问题。

（3）公平性原则。竞赛规程应充分保证参赛者在相同的条件下、在规定的时间和空间内，按照共同认可的准则进行公正平等的竞争。

（4）稳定连续性原则。竞赛规程一经审定制发，就须严格执行，不能朝令夕改、变化无常；新旧规程之间应保持必要的连续性，以维护竞赛工作和规程的严肃性与权威性。

（5）效益原则。竞赛规程体现效益管理思想，力求用较少的资源投入，办好竞赛。

3. 竞赛规程的基本内容和一般格式

（1）竞赛名称。应用全称，在比赛的文件、会标、宣传材料等方面，名称要统一。

（2）举办竞赛的目的意义。

（3）竞赛时间和地点。

（4）竞赛项目。

（5）参加单位。

（6）运动员资格。应写明身份确认办法、代表权确认办法和年龄、健康状况、性别规定，以及证明手段、运动员成绩或技术等级证明手续和运动技术达标规定等内容。

（7）参加办法。规定报各队人数（含领队、教练员、工作人员）；每名运动员可参加的项目数和每项限报人数；报名截止日期和报名地点；运动员、裁判员（长）等报到的日期、地点、单位；报到时应携带的材料或物品；违反报名与报到规定的处理办法及参赛的其他规定。

（8）竞赛办法。应写明采用的竞赛规则和赛制；团体总分的设置办法；决定名次和计分办法；破纪录加分办法；分阶段、分组比赛办法；各阶段抽签与成绩的衔接办法；违反竞赛有关规定的处罚办法；比赛器材及比赛服装、号码规定等。

（9）录取名次与奖励。应包括单项和团体录取与奖励名次及奖励内容；辅助性奖励办法。

（10）仲裁委员会。

（11）裁判员。应规定裁判长和主要裁判员的名额分配、选派及聘请办法；参赛裁判员的资格条件与工作要求。

（12）经费。必要时可以注明赛区住宿条件、标准和交通费开支办法，以及报名费、风险押金的规定等内容。

（13）主旗、团旗、会歌。

（14）关于比赛规程的解释权与修改权的归属问题。应明确写明归属本次组织委员会（或领导小组）。

4. 制定竞赛规程的注意事项

制定竞赛规程是一项非常严肃、细致和慎重的工作，应努力做好以下各方面的工作。

（1）竞赛规程应提前制定和发放。比赛规模越大，层次级别越高，制发时间提前量应越大，以便参赛者充分备战。

（2）单项规程与总规程要达到一致，不允许有相互矛盾的现象出现。

（3）竞赛规程应文字严谨、内容合理、用词确切、条理清晰。原则性规定不能似是而非，指令性要求不能含糊其词，有关定义不能使人产生两种以上的解释，力求使规程成为经得起推敲的“封闭系统”。

（4）要留有缓冲余地。竞赛规程应充分考虑主、客观情况可能发生的变化，预留适度的“弹性”和回旋余地。

（5）不随意修改。一经审定制发的竞赛规程必须严格执行，不能朝令夕改，变化无常，并要尽可能地少发补充通知。

（6）补充规定或通知下发应及时。竞赛规程提前下发，意外情况难以预料，一旦确认必须补充、修订其规定时，应及时制发补充通知，使参加单位尽早应变。

三、户外运动竞赛的过程管理

户外运动竞赛的过程管理，是指依据竞赛计划和竞赛活动组织方案，有目的地组织、指挥、调节和控制竞赛活动的总体。仅就一次比赛活动来说，其组织管理的工作过程可依次划分为赛前工作管理、赛中工作管理和赛后工作管理三个阶段。其中，赛前准备工作的管理是最重要的关键环节。

（一）赛前工作管理

赛前工作管理主要包括讨论、确定竞赛活动组织方案、制定竞赛规程、成立组织机构、拟订具体工作计划和行为准则、编制竞赛秩序册等。赛前管理工作在竞赛组委会（或领导小组）正式建立前，由筹备委员会（或筹备小组）负责，组委会正式建立后，则由组委会负责。

1. 成立组织机构

（1）组织委员会（或组织领导小组）。组织委员会是全面领导整个竞赛组织工作的最高机构，其机构编制、人数没有具体限额，应视比赛的性质和规模而定。大型运动会一般由政府一级的行政领导担任组委会主任，由主办单位的有关领导担任副主任，吸收包括体育部门的各职能机构领导、协作单位职能机构的领导、各单项竞赛委员会主任、与本届运动会有关的新闻、服务、公安等方面负责人、部分有代表性的参赛单位负责人担任委员，使运动会能在各方面的积极支持下顺利进行。

（2）各竞赛职能部门。竞赛组织委员会的下属职能部门，一般包括办公室、竞赛、宣传（新闻）、行政、保卫、后勤等工作机构，另外可根据运动会规格和规模的需要，增设外事接待、大型活动、工程、科研、电子通信、集资等部门。

建立组织机构，应体现能级差异，应与竞赛规模相适应，以完成各项任务标准。竞赛的规模、层次不同，其职能部门的设置数量与称谓、部门的岗位编制与工作人员配备等方面也应有所不同。组织机构成立后，应根据精简高效的原则，视实际使用情况分批借调工作人员，以节约人力。

组织委员会及其办公室的职能和组织委员会下属各部门的职能如下。

①组织委员会职责。确定组委会人员范围和名单；确定职能机构和人选，包括各职能机构负责人名单和各单项竞委会负责人名单；审议批准各项工作实施方案，包括竞赛工作方案、宣传工作方案、行政后勤工作方案、大型活动方案、安全警卫方案；审议经费，包括总经费预算、各项预算、奖励标准、总决算；裁决有关重大问题。

②办公室职责。拟制文件，包括会议记录、综合信息简报、领导讲话稿件、各类请示报告、综合报表汇总、总结汇报材料；组织会议，包括组委会会议、各职能机构联合办公会、代表团负责人会议、听取工作汇报会议、大型迎送会议、总结表彰会；监督协调，具体包括职能之间的业务协调、社会各部门的协调、监督各项工作方案的实施、绘制网络计划图、接收各项工作的信息反馈、监督领导意图的贯彻执行；文档管理，包括协调安排领导人出席大型活动、各类文件收文和传阅、各类文件立卷归档、各类文件印刷发放。

③竞赛部职责：组织竞赛，制订竞赛组织工作方案，制定竞赛总规程、各单项规程、补充规定和通知，组织报名注册、资格审查，组织兴奋剂检测与性别检查；制定总活动日程表，编制秩序册，设计并制作各类表格，对各单项竞委会相关业务进行指导与监督，了解反馈各赛区组织工作动态，每日综合成绩并公告，编制总成绩册等；组织裁判，确定、聘用各项裁判与仲裁人选，组织裁判员业务培训，编排各项竞赛秩序，监督执行竞赛规则，统计各项竞赛，录取名次，组织发奖；勘察、确定竞赛场地，并检查落实场地器材准备工作，包括电动计时与仲裁录像等设备；制定各项竞赛经费预算方法、科目，审批预算和开支。

④新闻宣传部职责：开展宣传教育，拟制宣传稿件，设计制作宣传品图案

和秩序册、成绩册封面,对各单项竞委会进行相关业务指导,制订思想教育方案,负责大会广播,组织摄影、录像;报道新闻,制订新闻宣传工作计划,接待记者,组织采访;制定《体育道德风尚奖评选办法》并组织评选,制定《最佳赛区的评选办法》并组织评选;制定各项宣传经费预算方法与科目、审批开支。

⑤安全保卫部职责:负责驻地与赛场的治安秩序及对单项竞委会的相关业务指导;负责主席台警卫,制定比赛枪支弹药管理与运输工作、保卫工作的各项规定;制定并监督实施大会车辆管理办法,疏导在公路上比赛的交通;制定各项保卫经费预算方法与科目、审批开支。

⑥行政部职责:培训各类服务人员,安排大会驻地的食宿,组织各代表团接站、送站及往返车票的登记、确认、购买和发放,对各单项竞委会进行相关业务指导;购买赛会办公用品、器材、奖品和医疗救护用品,加强防疫卫生管理,对为大会服务的车辆进行管理;管理财务,编制运动会经费预算、决算,监督各类财务开支标准的实施。

⑦大型活动部职责:设计开、闭幕式团体操组织方案并组织排练、预演,设计开、闭幕式流程,组织入场式的演练,负责大会发奖工作;组织大会集体参观、出席大型招待会及群众性联欢游园活动;管理大型活动经费。

⑧外事接待部职责:组织机场、车站、码头的外宾迎送工作及安排外宾的食宿和交通工具;组织外宾的迎送招待会、宴会等礼仪活动,负责外宾与中方业务工作部门的联络和接洽工作;组织联络、翻译等工作人员的培训;管理外事工作经费。

⑨集资部职责:筹集经费,筹集社会赞助,筹集政府资金,发行体育彩券,发放赛场商业许可证;负责运动会标志产品、指定产品和专用产品的专利权出售,联系制作广告。

⑩科研部职责:提供资料,负责技术数据的采集、整理与反馈,组织技术交流和现场技术会诊;提供心理咨询服务,提供按摩服务,提供新器材使用咨询。

2. 拟订具体工作计划和行为准则

组织委员会成立后,应根据组织方案、竞赛规程和责任分工,拟订各职能部门的具体计划和组织管理行为、参赛行为、技术操作行为的有关规范,经组委会批准后执行。

3. 编制秩序册

秩序册是竞赛组织和比赛秩序的文字依据,它由竞赛部门负责编制,报组委会审定后付印。综合性大型运动会需要在各单项秩序册编制的基础上及时汇编总秩序册。不论单项竞赛、中小型运动会还是大型综合性运动会，秩序册都应提前下发。

（1）秩序册的主要内容和格式。

秩序册的主要内容和格式包括以下几个方面。

①封面。内容应包含会徽、运动会名称（全称）、举办时间与地点、主办单位、承办单位、协办单位及“秩序册”三个大字。此外还可添加吉祥物的图案。

②封二。运动会组织系统图。

③赞助广告和赞助单位。

④目录。

⑤竞赛规程和补充规定。

⑥组织委员会名单。

⑦各职能部、室、处人员名单。

⑧各项目竞赛委员会、仲裁委员会成员和裁判员名单。

⑨各参赛代表团。

⑩竞赛总日程表。

⑪各项目竞赛日程。

⑫竞赛场地示意图。

此外，基层户外运动竞赛根据需要，可将“三员”（运动员、教练员、裁判员）守则、各种评优条例以及历届运动会成绩（或最高纪录）等内容附上。

（2）竞赛日程的安排。

在编制秩序册的过程中，安排竞赛日程是技术性最强的工作。竞赛日程表安排的基本要求有以下几个方面。

①严格遵守竞赛规程和相关竞赛规则的有关规定。

②各项竞赛时间要紧凑，不宜过长。

③各项竞赛交叉衔接要合理。

④注意气候变化特点，保证对最宜出成绩的气候条件的最佳利用。

⑤保证场地与器材条件的最佳安排。

⑥充分考虑交通条件和驻地距赛场的远近，合理安排比赛时间。

（二）赛中工作管理

赛中管理阶段始于开幕式，至闭幕式举行之前为止。其管理工作主要是开幕式的组织、赛事活动管理、人员管理和后勤管理。

1. 开幕式的组织

（1）开幕式临时指挥系统的组成。

开幕式随竞赛活动的规模、等级、任务的不同而各具特点，其组织程序各有异同。为了使开幕式气氛庄重、热烈以及过程紧凑、安全，一般需组成开幕式临时指挥系统，负责事前各项工作，可由组委会指定 3 ～ 5 人组成临时指挥小组，分工合作，具体负责。全国性大型综合户外运动比赛的开幕式临时指挥机构一般由大型活动部牵头，组委会及其他部门派员配合组成。根据需要，可以在总指挥部下设置负责各项具体工作的分指挥部。比如入场式分指挥部，负责开幕式的仪仗队、各代表团队伍、裁判员队伍的组织以及与入场式相配合的奏乐、献花和升旗仪式等组织工作；背景台表演分指挥部，负责背景台表演人员的组织及现场指挥等工作；大会表演分指挥部，负责开幕式各种表演的组织及现场指挥工作；大会宣传分指挥部，负责开幕式大会现场宣传、新闻发布、记者组织、观众教育及会场环境布置等工作；请柬区分指挥部，负责主席台及请柬区的各项组织接待工作；大会服务分指挥部，负责会场所需水电、音响设备、电讯、医疗急救以及各类服务保障工作。

（2）入场式队伍的组织。

入场式是开幕式的重要程序，由礼仪队伍和裁判员、运动员队伍共同构成入场式队伍总体。入场式行进序列一般为：国旗先导队、会旗会徽先导队、乐队或鼓号队（亦可在固定地点演奏）、鲜花方队、红旗（或彩旗）方队、标语牌方队、裁判员队伍、各运动队队伍、尾队。各方块队伍的人数、队形、着装、行进速度、距离间隔和行进间表演等，事先要有明确的规定和要求。一般应在鼓乐声中，列队绕场一周以后过主席台，接受检阅。确定运动员队伍入场的排列顺序有多种方法，按英文首字母或汉语拼音字头顺序，或按国务院公布的各省、直辖市、自治区序列，或按报名的先后顺序均可，一般主办单位的队伍排最后。开幕式的时间安排不宜过长，开幕词及其他讲话应尽量简短精练，力戒拖沓冗长。

2. 赛事活动的管理

赛事活动展开以后，主要指挥管理人员要深入赛场第一线，对赛事活动进行全面具体的组织领导。要以果断、及时、准确为原则。严格掌握比赛进度，加强职能部门之间的协调配合，防止比赛出现脱节、漏洞和误差。遇到困难或问题，要及时召集碰头会、现场办公会或组委会会议，注意研究解决决赛中出现的弃权、争议、罢赛、弄虚作假、赛风等方面的问题，确保赛事活动顺利进行。

3. 人员管理

竞赛期间的人员管理，主要是对裁判员、运动队及观众的教育管理。

（1）裁判员的管理。

裁判员的管理是竞赛管理的关键环节，裁判员的思想和业务水平的高低关系到比赛能否顺利进行。在我国的各类竞赛活动中，除个别高等级裁判员由竞赛主办者直接指派外，其他裁判员均由主办或承办单位从社会各行业中协商聘请，因此，要做好以下各方面的工作。

①抓好裁判员的职业道德、职业纪律教育。把“公正、准确、严肃、认真”八字方针贯彻到裁判员管理工作的始终，杜绝不良裁判作风。

②认真组织裁判赛前业务培训学习，统一认识，统一尺度，研究可能出现的问题和处理办法。

③组织好必要的考核和实习。重要岗位的裁判员要反复训练，辅助性裁判岗位也要求细致、准确、精益求精。

④开好赛前裁判员准备会，合理分工。重要场次要仔细研究，安排水平较高的裁判员担任临场工作；对抗性强的项目和评分项目，尽量安排与参赛队无关的裁判员担任裁判，以确保万无一失、公正准确。

⑤及时认真地组织赛后总结与讲评。裁判工作每天有小结，阶段有总结，全过程有评比。

⑥教育和引导裁判员虚心听取各方面的意见，及时改进工作中的不足。

⑦加强裁判员执法的现场督察，充分运用法律武器、经济手段和舆论监督力量。维护裁判员的合法权益，调动其工作积极性；严厉打击裁判队伍的不正之风与腐败现象，不断提高公正执法水平。

（2）运动队的管理。

比较正规的运动竞赛应事先拟制运动队的管理教育计划，宜采取分级管理办法，即一是大会抓各队，提出统一要求和具体规定，并做好各队之间的协调工作，定期召开联席会议，听取意见，处理问题，改进工作。二是领队、教练员抓队员，负责全队运动员的管理。竞赛期间，应着力抓好运动员的思想教育、场上与场下的业务管理、生活纪律管理三个方面。比赛全过程，要始终坚持用奥林匹克精神和中华体育精神教育、激励、约束运动队伍。考虑到运动员竞赛期间的生理、心理负担，提倡以正面教育为主，多鼓励表扬，少批评惩戒。可以运用宣传手段和实施精神文明评比等形式，及时反馈观众、裁判、工作人员对运动队各方面表现的评价意见。通过严格而有效的管理，各队能以良好的竞技状态和精神风貌完成比赛任务，进而提高运动竞赛的综合效益。

（3）观众的管理。

充满悬念而紧张激烈的比赛，对观众具有强烈的刺激作用。若组织管理不当，刺激作用极有可能与一些复杂的社会因素交织混杂，轻则影响比赛进行，重则破坏赛场乃至社会的安定。为此，竞赛组织者应从观众的心理承受能力和赛场的特殊氛围出发，寻求防患于未然的预防治理方法。根据实践经验，观众管理工作应注意做好以下各方面的工作。

①提前制订观众管理教育计划，公布赛场管理规定。

②赛场舆论导向要正确、宣传要客观。

③赛场的选择与布置要科学合理，符合安全要求。

④落实方法措施，强化预防职能。竞赛期间的安全保卫工作要做到组织落实、制度落实、人员落实、责任落实，加强重点，点面结合，形成预防网络。

⑤票务计划要符合赛场承受能力，开、闭幕式和关键场次的门票销售与分发要控制得当。

⑥严格控制场地经营许可证的发放数量和范围。

⑦要科学地确定进、退场开门的时间，及时疏导开场前和终场后的高密度人群。

⑧严格入场前后的安全检查。禁止观众携带和销售不利于场内安全的物品。

⑨依靠多种社会力量，包括公安、交通、宣传、教育、行政等部门联合治理。根据竞赛的对抗激烈程度、观众喜爱程度、比赛级别高低、电视电台转播情况、竞赛时间长短等因素进行科学预测，周密制订观众管理方案，积极争取社会力量的支持，运用法律与行政手段，确保比赛顺利、安全。

⑩加强总结工作，在实践中锻炼提高管理人员的素质与能力。

4. 后勤管理

竞赛期间的后勤管理工作包括认真检查比赛场地，设备和器材的部署与使用管理情况，落实运动员、裁判员的住宿、用餐、洗澡、交通和保卫管理，监督比赛各项预算执行情况，做好医务方面的伤病预防和临场应急准备等具体工作。

（三）赛后工作的管理

赛后管理阶段从闭幕式开始至运动会总结、表彰、财务决算等工作全部结束为止。具体管理工作包括以下几个方面。

1. 闭幕式的组织

在各项竞赛活动结束后，根据事先确定的闭幕式组织方案，闭幕式的各项组织工作必须准备完毕。闭幕式的形式没有固定限制，也如开幕式一样随竞赛活动的规模、等级、任务的不同而各具特色，并有大致相同的组织程序。其形式多样，可在场（室）内，也可在场（室）外；可有表演，也可没有表演；可以是体育表演，也可以是文艺表演。一切均应根据现实需要灵活决定，但一定要注意与开幕式的安排前后呼应，以形成整体效果。

2. 其他收尾工作

（1）办理完离开赛区的各种手续，各运动队即可离会。

（2）介绍借调人员返回原单位，并按有关规定填写与寄发《裁判员工作登记卡片》。

（3）比赛的场地、器材、服装、用具等物资设备的归还、转让、出售和处理工作。

（4）财务决算。

（5）汇编、寄发比赛成绩册和技术资料。比赛成绩册的编制依据是竞赛规程中录取名次和记分方法的有关规定。成绩册的主要内容依次为：①奖牌与破纪录情况（金、银、铜牌及破纪录情况汇总表，各项目奖牌与破各项目最高纪录统计表）；②各单项名次情况（团体总分名次表、单项得分名次表、集体球类项目名次表、各单项前六名或前八名统计表）；③荣获“体育道德风尚奖”名单（荣获的代表团、运动队、运动员、裁判员名单），荣获“最佳赛区”的承办单位名单；④各项目比赛成绩表。

（6）填报等级运动员和破纪录成绩表。

（7）移交、整理有关文档资料。

（8）向新闻单位发布比赛情况。

（9）评比表彰工作。对参与开、闭幕式表演工作的单位和个人，对支持、协助比赛工作的单位和个人，对工作出色的各级组织者、指挥者及工作人员进行表彰，以示谢忱。

（10）工作总结，上报有关部门。属于承办全国竞赛的赛区，需填报赛区情况统计表。

第三节　户外运动俱乐部的经营管理

一、户外运动俱乐部概述

1857 年，世界上最早的户外运动俱乐部在德国诞生，这个以登山、徒步为主要运动项目的民间组织是现代户外运动俱乐部的雏形。如今，户外运动作为新兴的体育项目，带着强烈的时尚气息在我国迅速发展，登山、攀岩、潜水、滑翔、溯溪、漂流、探洞等项目，不仅刺激惊险，新颖奇特，而且还张扬个性，充满想象力。仅以登山为例，1996 年关于中国群众体育现状的调查显示，在“老百姓最喜欢的体育运动”排行榜中，群众性登山还屈居 15 名之后，而经过短短 5 年的发展，登山运动的排名就已经跃升到第 7 位。随着各种户外运动项目受到广大群众的青睐，户外运动俱乐部也如雨后春笋般发展起来。据不完全统计，截至 2019 年 8 月，国内户外运动俱乐部有 1800 余家，但是得到中国登山协会认证的只有 462 家，准入制度的“高门槛”是保证户外行业安全健康发展的手段之一。我国户外运动的最高行政管理部门——国家体育总局登山运动管理中心规定，申请认证的俱乐部，至少要有 4 名获得中国登山协会专业培训证书的技术人员。中国登山协会每年都会举行相应的培训学习，其目的就是加快专业人才的培养，只有如此，才能保证这项风险与刺激并存的运动安全、健康地发展。

作为运动发展的基础，严格的资质认证工作是规范俱乐部发展的重要手段。由国家认证认可监督管理委员会和国家体育总局联合制定的《体育服务认证管理办法》已经在 2006 年 1 月 1 日开始实施，而中国登山协会正在加紧将户外运动俱乐部的资质认证纳入这一体系。此外，户外运动的立法工作将在未来加大力度，逐步展开，计划制定或修订有关山地户外运动的运动员技术等级标准、注册管理办法、竞赛规则、裁判法等条例。

（一）户外运动俱乐部的概念及性质

我国户外运动俱乐部主要有面向社会大众的商业性户外运动俱乐部和学校户外运动爱好者成立的户外运动俱乐部。前者指的就是本章将阐述的营利性户外运动俱乐部，中国登山协会制定的一系列户外运动俱乐部管理条例也是以此种俱乐部为管理对象的。在户外运动发展形势大好的趋势下，大量营利性户外运动俱乐部如雨后春笋般接二连三地成立，数量已逾 1800 家。我国部分高校户外运动爱好者成立的俱乐部，属于社会团体性质，他们不以营利为目的，促进户外运动的发展和普及才是爱好者们的目的所在。

营利性户外运动俱乐部是以营利为目的的，向社会公众提供户外休闲健身服务的体育企业。不论何种企业，首要的目的是获取利润，否则无法在市场上生存。同样作为企业的营利性户外运动俱乐部要面对市场，遵循市场规则，遵循价值规律，根据各种不同层次、水平和爱好的顾客的户外运动需求，提供不同等级、不同内容的服务，以达到赢利的目的。

与一般的户外运动装备生产企业不同，户外运动俱乐部提供的产品不是看得见、摸得着的实物产品，而是无形的服务。因此户外运动俱乐部营利的手段是通过向社会公众提供户外运动休闲健身的服务，以满足大众健身需求为目的。

户外运动俱乐部组织形式是企业，这与一般的体育社团、协会、公益性俱乐部的组织形式有很大不同。企业的运作方式都是为了在社会上生存发展、占有一席之地，所有的经营管理方式都是以市场为指导。

（二）户外运动俱乐部的营销模式

从经营模式看，国内各户外运动俱乐部经营模式大致相同，主要有两种：一是“户外运动用品店 + 户外运动俱乐部”模式，另一种是打着“户外运动俱乐部”旗号，只经营单一的卖场，也就是只经营户外运动实物用品的模式。

另外，我国部分户外运动俱乐部还采用会员制经营方式，即服务对象主要是个人消费者以及非会员制的团体客户等。

（三）我国户外运动俱乐部的发展现状及存在的问题

一段时间的飞速发展，我国户外运动俱乐部在数量上有了较大的增长，已经初具规模，其经营项目、盈利模式多样化，经营手段基本规范。

1. 户外店和俱乐部分离操作，三位一体模式面临危机

网站、户外运动用品店和俱乐部三位一体的模式，曾经打造了“三夫”这样的中国户外运动产业的旗舰代表。活动带动人气、活动带动装备销售是大多数户外店采取的模式。而户外运动行业也一度成为各个行业中对互联网应用最为普遍的行业之一，几乎 99% 的户外店或俱乐部都有自己的网站。但不以盈利为主的户外运动俱乐部尤其是户外店衍生出来的俱乐部，一方面受到不收费

的自助游的挤压，另一方面，户外运动活动对零售店的促销作用变得越来越弱，客户往往是在这家俱乐部玩，去另外一家户外店买东西，使得不营利性质的户外运动俱乐部的生存空间越来越小。而且户外产业发展到今天，卖装备和搞活动到了该分开的时候，毕竟分工细化是一个产业发展走向成熟的标志。

2. 户外运动俱乐部跨区域合作加强，“引进来走出去”成为共识

以往的俱乐部多是由几个爱好者自发组织，有的连工商注册手续都不完备，活动也以自娱自乐为主。即使部分俱乐部期望正规化操作，但受到免费的 AA 自助游的影响，也很难形成规模。至于要靠出游活动盈利，更是一种奢望。一条陌生线路的探路成本是较高的，俱乐部一般难以承受。因此，寻求和线路所在地的俱乐部合作，共同组织户外运动活动成了一种比较可行和流行的方式。一方面，参加活动的人员来源相对较广；另一方面，当地俱乐部对当地线路熟悉，行程安排会比较到位。“引进来走出去”的合作方式，为户外活动增加了亮点，一些有远见的俱乐部开始打破隔阂，与其他俱乐部携手合作。

3. 拓展业务成为俱乐部过渡期间主要的盈利项目

鉴于中国经济发展水平的阶段性，再加上免费 AA 自助游活动的冲击，户外运动俱乐部能够形成规模和取得效益的很少。因此，生存还是很多俱乐部面临的现实压力。除了实行俱乐部联盟政策，提高会员活动质量、进行拓展运动培训就成为很多俱乐部盈利的一种模式。业内人士这样对比户外运动俱乐部和拓展公司的境况：户外俱乐部“十有八九在赔钱”，拓展公司“十有八九在盈利”，所以俱乐部开拓拓展培训业务，也是顺理成章之事。比如，“武汉穿山豹”就是通过拓展获得的利润而获得了长足发展的空间。进行拓展培训的大多是企业客户，而企业客户不同于单个户外运动参与者，他们是企业付费消费，所以对价格不是特别敏感，更看重的是活动培训效果。国内合格的拓展培训师很少，因此拓展师培训人才市场还有着一定的前景。

4. 户外出游收费制渐行其道，户外运动俱乐部开始打造品牌效应

随着网络的普及，网上结伴逐渐成为户外出游的主流模式，北京绿野俱乐部和深圳磨坊俱乐部均靠这种网上结伴活动获得了巨大的人气。但网上结伴的松散性、领队的随机性、免费等于免责的机制，包括频频发生的活动意外，也使得这种免费的 AA 自助的出游模式受到了那些对活动品质和安全保障有着较高要求的参加者的怀疑。因此，以《中国国家地理》的会员部和“远飞鸟”为代表的品牌俱乐部的活动逐渐有了市场，户外出游收费制渐行其道，户外俱乐部开始打造品牌效应。

我国户外运动俱乐部在发展历程中，也遇到了许多问题，有些问题至今仍然存在，没有得到很好的解决，主要表现在以下几个方面。

第一，对“户外运动”定义的理解过于片面和狭窄，自身发展定位不准。具体表现为刻意强调户外运动就是“挑战自然，探索险境”，追求所谓的“纯户外路线”，忽略了户外运动“放松身心、陶冶情操”等健身健心功能。

第二，俱乐部工作人员素质较低，导致了俱乐部发展没有充足的后劲。户外运动行业不仅是一种简单的户外活动，而且更是一种文化，是一种内涵和外延都极其广泛的文化。它包含了人对自然的热爱、人与人之间的相互理解和关爱、人对生命的珍惜等诸多因素。如果从业人员不具备一定的文化素质，不能以知识和文化的力量去有针对性地引导大家，这种文化的巨大感染力则不可能有效地展现出来。参与户外运动的群体大都是具有一定文化素质的白领阶层，一群文化素质高的人被几个文化素质相对较低的人带出去搞活动，其效果可想而知。这在一定程度上将会影响大家的参与热情。

第三，尴尬的“单一注册”，缺乏监督机制。我国大多数户外运动俱乐部均没有在体育系统内注册，绝大多数为工商注册且名称无“俱乐部”三个字。我国户外运动俱乐部缺乏统一的管理体系，相关监察职能部门在具体工作中的协调还不到位，中国登山协会的导向作用在俱乐部管理中的体现还不明显。

第四，俱乐部之间恶意竞争，市场秩序混乱。各俱乐部自立门派，相互之间根本没有交流，无序及恶意竞争经常发生，甚至出现卖次货、假货、库存货等现象；缺乏培育整体户外运动市场的经营思想；没有“品牌意识”，还处于“贴牌”经营阶段。

第五，对环保工作的忽视。尽管大多数户外运动俱乐部都有环保条例，但并没有真正落到实处，忽视了环保工作。同时，俱乐部在服务过程中，存在难以约束客户的现象。

第六，风险管理差。很多俱乐部无法为客户提供相应的保险，为转嫁风险，基本上都“打擦边球”——为客户投保“旅游险”。俱乐部没有建立风险等级制度，在相应的风险管理过程中仅提供应对突发事件的具体手段。

第七，与其他领域的业务“交叉”问题。具体表现为打着“特色户外”旗号，实质上进行低层次旅游运作；开辟“野外拓展培训”新领域，却存在师资、教练员严重缺乏的现象。

二、户外运动俱乐部的管理

作为向社会公众提供户外运动休闲服务的体育企业，户外运动俱乐部的管理属于企业管理的范畴。考虑到户外运动俱乐部休闲服务产品的特点，本节着重介绍户外运动俱乐部的组织结构与组织设计、人力资源管理、设施管理三方面，并对我国与户外运动相关的法律法规进行介绍。

（一）组织结构与组织设计

组织结构是描述组织的框架体系。经过多年的发展，企业的组织结构也多种多样，具体有职能型结构、分部型结构、矩阵型结构、网络型结构等等。

管理者设立或变革一个组织的机构，就是在进行组织设计。组织设计不分大小，上至国家机关机构改革，下至某个小型户外运动俱乐部的结构调整，都是对原有的组织进行变革，均属于组织设计范畴。

户外运动俱乐部在进行组织设计时，可以有多种选择。每一种组织结构都有其优缺点，管理者无论是在俱乐部开设之初，还是在俱乐部扩大经营时，在进行组织设计选择的时候，都必须根据组织的特点和俱乐部的特色，选择最适合本俱乐部的组织结构。下面对常用的组织结构进行简单分析。

1. 职能型结构

它是按职能进行组织，将相似和相关职业的专家组合在一起来组建结构。如根据生产、研发和营销等职能将组织分为生产部、研发部和营销部等。其优点在于专业化的经济性；缺点是各职能强调自己的重要性，容易忽视全局利益。一般适用于生产单一产品或服务的组织。

2. 分部型结构

它由自治的单位组成，要求各单位管理者都对某种产品或服务完全责任。其优点是强调结果，分部负责人具有高度责任感；缺点是活动和资源配置重复，造成成本上升，效率下降。一般适用于生产多种产品的大型组织或企业。

3. 简单型结构

它是指低复杂性、低正规化和职权集中在一个人手中的结构。有快速、灵活和经济的特点。它只适用于发展的中初期小型组织，在一个简单的环境中能更好地发挥其特点。

4. 矩阵型结构

其融合了职能型和分部型结构的特点，既发挥了职能型结构专业化的经济性，又发挥了分部型结构对产品结果的责任感，但容易造成混乱，引起权力斗争。

它比较适用于有多个产品或规划、需要依靠职能专长的组织，如学校等。

5. 网络型结构

它是一种新型的组织结构，是计算机技术革命的产物。它只有很小的中心组织，依靠其他组织以合同为基础进行生产、营销等经营活动。它既可以是小型公司的选择，也可为大型组织所采用。如耐克公司，它的运动鞋由海外低廉的劳动力生产。

目前，大型营利性户外运动俱乐部一般都采用连锁或加盟形式来占领不同地区的市场。各个俱乐部根据自己的实际，组织结构有所不同，或采用单一的组织结构，或集中组织结构交叉。

按照公司、企业的组织结构，一般的体育经营类企业都设置有总经理办公室、事业发展部、市场营销部、人力资源部、教学培训部、财务部等部门。严格来说，营利性户外运动俱乐部也应该包括上述部门，但我国的户外运动俱乐部由于发展时间较短，组织结构还不是十分完善。比较有代表性的某户外运动俱乐部的组织结构如图 6-2 所示。

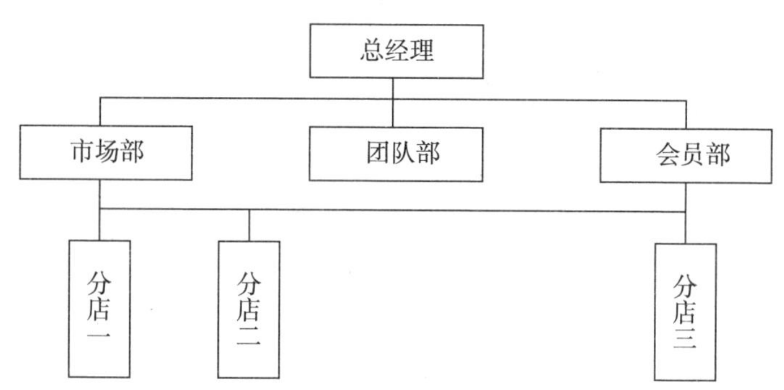

图 6-2 某户外运动俱乐部组织结构图

其中，各部门主要职责如下。

市场部：负责俱乐部的营销工作，如俱乐部形象设计与推广、对外宣传、产品推介、各类赛事招商及媒体推广，还包括建立论坛（网站）、会员数据库。

团队部：利用技术优势和户外运动管理经验，将体验式培训与户外运动项目紧密结合，为各大公司、机构、企业组织专业的户外体验式拓展训练。

会员部：搭建综合性交流平台，为户外运动爱好者提供专业的、较系统的户外运动活动策划和组织服务，主要包括策划组织各种户外运动活动、户外运动专业知识讲座、户外知识培训、户外运动交流活动。

事实上，我国户外运动俱乐部的组织结构中缺乏财务部、人事部等部门，充分说明当前我国的户外运动俱乐部的管理，尤其是人事和财务等方面的管理十分不规范。

（二）人力资源管理

不论是世界五百强企业，还是普通中小企业；不论是从事商品制造业，还是体育服务业，其不管是否有人力资源部或人事处，人力资源管理都是企业非常重要的工作内容之一。营利性户外运动俱乐部从筹建之初就要加强人力资源管理。

营利性户外运动俱乐部人力资源管理内容主要有人员甄选、绩效评估、员工培训与发展和薪酬福利四方面。

1. 人员甄选

人员甄选是指用人单位在招募工作完成后，根据用人条件和用人标准，运用适当的方法和手段，对应聘者进行审查和筛选的过程。

营利性户外运动俱乐部对从事户外运动指导的领队、教练员，应该有以下几个方面的要求：

（1）掌握全面的户外运动技能和知识。

（2）有较丰富的户外运动经验。

（3）有一定的户外运动教学能力。

（4）有一定的户外运动组织能力。

（5）有较强的责任感和事业心。

（6）对户外运动行业有浓厚的兴趣，热爱本职工作。

2. 绩效评估

绩效是指构成员工职位的任务被完成的程度，它反映了员工能在多大程度上实现职位要求。绩效评估，又称绩效考评、绩效评价、员工考核，是一种正式的员工评估制度，也是人力资源开发与管理中一项重要的基础性工作，旨在通过科学的方法、原理来评定和测量员工在职务上的工作行为和工作效果，最后形成客观公正的人事决策过程。

绩效考评的内容包括以下几方面：

（1）业绩考评：对员工行为的结果进行考评。如任务完成度、工作质量、工作数量等。

（2）能力考评：考评员工在工作岗位上及工作过程中显示出来的能力，

如经验、知识、技能熟练程度、判断力、理解力、创新能力、改善力、企划力等。

（3）态度考评：考评员工出勤状况、纪律性、协作性、积极性、责任心。

3. 员工培训与发展

员工培训与发展就是组织通过学习、训导的手段，提高员工的工作能力、知识水平，最大限度地使员工的个人素质与工作需求相匹配，促进员工目前和将来的工作绩效的不断提高。

员工培训与发展是人力资源管理中的一个重要环节。与IT、航空等行业相同，体育运动的发展变化也是非常迅速的，户外运动尤其如此。比如，户外运动俱乐部中的服务项目，以前是以素质拓展为主打项目，现在发展起来的就有野外生存、攀岩、野战、定向越野等多个项目。作为户外运动俱乐部的员工，只有不断地学习和充实自己，才能吸引更多的顾客，才能为顾客提供更安全、周到、舒适的服务。

据统计，我国户外运动各地各级行政管理部门和协会每年都会举办户外指导员、拓展指导员、助理教练员、攀岩从业人员等培训班，对户外运动俱乐部的从业人员和爱好者进行专业技能培训，从而提高他们的工作能力和知识水平。

4. 薪酬福利

在企业中，薪酬福利是指员工因为被雇用而获得的各种形式的收入，包括基本工资、奖金、津贴、加班工资、各种福利项目以及长期与短期的激励等。

在我国户外运动发展的当前阶段，行业管理的不规范，导致多数户外运动从业人员对自己的薪酬福利不满意，甚至牢骚满腹，怨声载道。

首先，在大好的户外运动发展机遇时代背景下，优秀户外运动人才希望尽快积累资金和经验来实现自己创业的目标；其次，现在我国户外行业处于转型期，从业人员缺乏职业安全保障和长期收益保障，整个户外行业的职业保障系统和社会福利保险系统还在建立过程中，人们需要获得更强的安全感；再次，生活成本过高，户外从业人员生活压力大；最后，部分俱乐部强调追求短期利益，缺乏发展观，经常发生因缺乏诚信而违反双方约定的游戏规则的行为。比如，某户外俱乐部承诺给每季度销售人员兑现一次业绩奖励，此时因引进了新的管理模式和激励制度，公司断然决定单方面修改规则，导致员工可获取的奖金大大减少，最终导致骨干销售人员的流失。

上述户外运动俱乐部员工的思想虽然存在一些不理性因素，但也有合理之处。作为户外行业，需要进一步解决如下问题：薪酬和奖励机制要诚信、合理、透明；薪酬结构设计方面要设计科学合理的薪酬与绩效管理制度；逐步建立共享未来、有安全感的人本文化；完善人才梯队建设计划，使员工能力和经验不断升级换代等。根据目前我国户外运动俱乐部的发展现状，户外运动俱乐部员工的薪酬福利原则上应包括以下内容：职位、能力与薪酬三位一体；团队与业绩挂钩；缓慢提升；相对稳定；共享未来等。除此之外，职务任免、奖金、归属感、培训发展机会等也应纳入户外运动俱乐部薪酬的福利范围。

在设计员工薪酬、福利时，户外运动俱乐部的管理者还要特别注意和考虑以下几方面：①外部公正性。即公司需要根据行业特点和自身发展阶段的需要，制定合适的薪酬策略，使员工薪酬水平与外部市场相比有一定的竞争力和吸引力。特别是在户外运动俱乐部，市场上的薪酬水准是影响企业薪酬水准的重要因素，也是能否吸引和留住俱乐部关键人才的首要因素。②内部公正性。一般需要通过以下三方面的工作来进行保证：公司有明确的并被大多数员工认同价值导向；通过对各职位的关键要素进行评估，得出各职位对公司最终目标价值贡献的大小；有一套完善的职位评估的程序和方法，并通过培训和宣传让公司员工特别是管理层和关键人才认识到职位评估过程与结果的公正性。③员工公正性。即对于相同的职位，绩效好的员工获得的报酬应比绩效差的员工高。

（三）装备、场地设施管理

装备和场地设施是户外运动正常进行的基本物质保障，其正常有序地发挥作用是户外活动万无一失的保证。对户外运动俱乐部来说，户外运动装备、场地设施管理是非常重要的。俱乐部内部从老板到普通员工，都有权利和义务经常检查俱乐部内的安全带、绳索、铁锁、下降器、上升器、头盔等器材和用具，对拓展运动基地的高空项目、胜利墙、荡绳过河等危险系数较高的器材设备也必须保持经常的保养和维修。在每次装备、器材使用前后，都要认真检查，精心准备，如发现问题，应及时解决，并养成良好习惯，严格建立规范、健全的器材设备的管理制度，保证各项户外运动设备都能在活动过程中处于良好的运转状态，确保每次户外运动活动的顺利进行。

鉴于户外运动的特殊性，其场地设施的管理，应不同于普通体育场地的管理。户外运动的定义明确指出，户外运动的场地设施主要是大自然和人工非运动目的的建筑物。显然，户外运动项目和其他普通体育项目的场地设施管理完全不同，主要体现在对大自然的爱护上。要树立环保意识，坚决避免破坏大自然生态和污染环境的行为出现。发达的资本主义国家走过的道路已证明，没有一个清洁的环境就没有现代化。我国是发展中的社会主义国家，如果不注重环境保护工作，甚至造成环境的严重污染和退化，不只与我们发展生产力的根本目的不符合，也会危害社会主义现代化建设本身。户外运动行业作为我国的热门产业，在其迅猛发展的道路基础上，保护环境是必须应尽的义务。此外，“热爱自然，保护环境”是户外运动的重要理念之一，而大自然是开展户外运动最主要的场地，这就要求人们时刻都要保护和爱惜空气、阳光、水、动物、植物等。

（四）国家和地方关于营利性户外运动俱乐部的有关法律法规

营利性户外运动俱乐部作为企业，要遵守国家各项法律法规，并要接受国家和地方各有关部门的管理，其主要的管理部门有工商、税务、统计等部门。

除了接受上述国家行政部门的监督外，作为经营体育的企业，营利性户外运动俱乐部还要接受国家体育行政部门的监督和管理。相关的法律条款主要有《中华人民共和国体育法》《登山户外运动俱乐部及相关从业机构技术等级标准》《登山户外运动俱乐部及相关从业机构资质认证标准》、国家体育总局下发的各类法规等。其中,《登山户外运动俱乐部及相关从业机构技术等级标准》和《登山户外运动俱乐部及相关从业机构资质认证标准》两项条例从专业角度对营利性户外运动俱乐部的技术等级划分标准和资质认证标准进行了明确规定。

另外，很多省、市制定了地方条例和规章制度，对营利性户外运动俱乐部的经营活动进行了规定。主要体现在审批发证、日常监督、年度验审三个方面。

1. 审批发证

营利性户外运动俱乐部在正式营业之前应到体育行政部门申领许可证。一般要求在领取营业执照前申领，但也有要求在领取营业执照后申领。比如，《湖南省体育经营活动管理条例》第六条规定：“从事射击、跳伞、滑翔、热气球、赛车、轮滑、攀岩、登山、漂流、探险、拳击、武术、摔跤、柔道、健身气功，游泳、潜水、蹼泳、皮划艇、跳水、水球、赛艇、摩托艇、滑水、帆船等专业性强、技术要求高或者危险性大的体育项目的经营活动，应当向县级以上人民政府体育管理机构提交可行性报告，经过严格审查批准并发给体育经营许可证后，向工商行政部门申请注册登记，领取营业执照。”此项规定要求户外运动俱乐部经营者要先到体育行政部门申领经营许可证之后，才能到工商行政部门办理营业执照，这就是通常所说的“前置审批”。而《北京市体育运动项目经营活动管理办法》第六条明确规定:“从事体育运动项目经营活动的单位和个人，应当到工商行政管理机关办理注册登记，自领取营业执照后 30 日内到体育行政部门申办体育运动项目经营资质证书。”这种要求经营者在领取营业执照后到体育行政部门办理审批发证手续的审批方式，称为“后置审批”。

2. 日常监督

营利性户外运动俱乐部在经营过程中，还要接受体育行政部门的日常监督检查，检查的内容包括从业资格和条件两个方面，主要包括从业人员的资格管理、器材设施的管理等。比如，《河北省体育经营活动管理办法》第五条规定，举办体育经营活动应具备下列条件：①有必要的资金和相应的设施、设备；②有符合安全、消防和环境卫生条件的场所；③有经过岗位培训、具有专业知识的经营管理及从业人员；④经营内容有益身心健康；⑤法律法规和规章规定的其他条件。第九条规定：“从事体育培训、辅导、裁判和咨询的人员以及体育经营活动的管理人员，须经市以上体育行政部门资格认定，取得资格证书后，方可上岗。”对体育行政部门日常检查不合格的俱乐部，在该管理办法中都明确指出要进行罚款处罚，涉及违法犯罪的要追究刑事责任。

3. 年度验审

营利性户外运动俱乐部的经营情况要接受年度验审，主要针对营业审批初的审核条件是否发生变更、企业终止经营是否在体育部门注销等。《北京市体育运动项目经营活动管理办法》第十二条规定：“体育行政部门对体育运动项目经营资质证书实行年度验审制度，对体育运动项目经营活动的日常管理实行稽查制度。对拒不接受年审或者年审不符合规定的，由体育行政部门责令限期改正，逾期不改正仍继续经营的，按无证经营处理。”

三、营利性户外运动俱乐部的市场营销

市场营销包含的范围非常广泛。世界营销权威——菲利普·科特勒认为“市场营销是一个社会管理过程，在这个过程中个人和群体通过创造、提供、与他人交换有价值的产品而满足自身的需要和欲望”。经过多年的发展，营销不仅成为企业经营中一个极为重要的手段，也被非营利组织、政府部门等机构广泛采用。

STP 营销，即市场细分（Segmenting）、目标市场选择（Targeting）、产品定位（Positioning），是现代战略营销的核心。本节将结合我国营利性户外运动俱乐部的具体情况，重点讨论市场调查、市场细分、目标市场选择和产品定位四个方面。

（一）市场调查

市场调查是系统地设计、收集、分析并报告与公司面临的特定市场营销状况有关的数据和调查结果。无论是准备进入户外运动行业的企业，还是在户外运动行业打拼多年的企业，市场调查都是营销的一个十分重要的部分，不可或缺。市场调查的结果，对于营销部门了解和分析一个户外运动企业在市场中的地位非常重要，能为决策者提供很大的帮助。

户外运动的市场调查内容很多，归纳起来大致有以下五类：第一，户外运动消费者需求方面的情况；第二，调查户外运动产品和服务供应方面的情况；第三，调查户外运动产品和服务销售渠道的情况；第四，调查户外运动新产品发展趋势情况；第五，调查市场竞争的有关情况。关于户外运动行业的市场调查，有以下几个主要问题需要考虑：首先，本地区是否有足够的潜在客户来支持俱乐部的正常运营（潜在客户指收入较高、教育水平较高、对户外活动有兴趣的年轻人）；其次，城市的周边自然环境是否具备开展户外运动的条件，即距市区 3 个小时的车程内是否有山地、林区、河流、海岛、草原、荒漠、水库等用于开展户外活动；最后，同一城市从事户外运动经营的企业的数量以及他们主要服务的项目是否能达到相关要求。

（二）市场细分

市场细分是指营销者通过市场调研，依据消费者的需要和欲望、购买行为和购买习惯等方面的差异，把某一产品的市场整体划分为若干消费者群的市场分类过程。每一个消费者群就是一个细分市场，每一个细分市场都是具有类似需求倾向的消费者构成的群体。

以户外运动服装为例，根据不同的项目特点，专业设计出针对不同运动需要的各种服装，如登山防风衣和背带裤、连体滑雪衫、自行车骑行服和车裤等。并根据功能大致分为内层服装、保暖层服装和外套层服装。

（三）目标市场选择

目标市场是指具有相同需求或特征的、公司决定为之服务的购买者群体。一家户外运动企业在完成对细分市场的评价的基础上，应根据细分市场的市场潜力、竞争状况、自身资源条件等多种因素，决定把哪一个或哪几个细分市场作为目标市场，这就是目标市场选择。一般而言，户外运动企业考虑进入的目标市场应符合以下标准或条件：

（1）有一定的规模和发展潜力。企业进入某一市场是期望能够有利可图，如果市场规模狭小或趋于萎缩状态，企业进入后就难以获得发展，此时应审慎考虑，不宜轻易进入。当然，企业也不宜以市场吸引力作为唯一取舍，特别是应力求避免“多数谬误”，即与竞争企业遵循同一思维逻辑，将规模最大、吸引力最大的市场作为目标市场。大家共同争夺同一个顾客群的结果将造成过度竞争和社会资源的无端浪费，同时使消费者本应得到满足的一些需求遭受冷落和忽视。

（2）竞争者未完全控制。不言而喻，企业应尽量选择那些竞争相对较少、竞争对手比较弱的市场作为目标市场。如果竞争已经十分激烈，而且竞争对手势力强劲，企业进入后付出的代价就会十分昂贵。

（3）符合企业目标和能力。某些细分市场虽然有较大吸引力，但不能推动企业实现发展目标，甚至会分散企业的精力，使之无法完成主要目标，这样的市场应考虑放弃。另外，还应考虑企业的资源条件是否适合在某一细分市场经营。只有选择那些企业有条件进入、能充分发挥其资源优势的市场作为目标市场，企业才会立于不败之地。

比如，某户外运动俱乐部选择 18 ～ 28 岁年龄段的年轻人，他们精力旺盛，兴趣广泛，充满激情，敢于接受挑战，是户外运动最主要的参与人群。第一目标消费人群是在校大学生。选择理由：大学生族群是一个个性鲜明、特征突出的细分市场，这一细分市场年龄基本在 18 ～ 25 岁，且其年轻、精力充沛、好冒险、敢于接受挑战，空余时间相对丰富，是户外运动理想的消费市场。第二目标消费人群是已工作的年轻人。选择理由：这部分人群同样年轻有活力，并且具有一定经济基础，但空余时间有限，可以作为俱乐部次要目标对象。

（四）产品定位

产品定位，简而言之就是给消费者选择产品时制造一个决策捷径。营利性户外运动俱乐部一旦确定自己的目标市场，就应该确定产品和服务的类别与定价。

如果该目标市场内只有一家企业，俱乐部就可以确定较高的价格，获取较高的利润，如果该目标市场企业多，竞争激烈，产品没有太大差别，对于户外运动俱乐部来说，就应该追求与竞争对手的产品差异化，吸引消费者购买自己的产品和服务。俗话说“物以稀为贵”，如果产品有差异，户外运动俱乐部就可以采用较为灵活的定价。以户外运动服务为例，在绝大多数俱乐部都以协助企业单位组织登山、拓展、徒步穿越、溯溪、野外露营等户外运动为主要服务内容的环境下，如果某个户外运动俱乐部开发一类类似军事野战的新项目，一定能受到户外运动爱好者的格外青睐，因此定价也可以相对较高。

目前我国户外运动俱乐部经营的产品和服务趋同性较强，经营的项目基本为组织活动、培训、咨询、户外运动装备的租售、咖啡吧等。其中，组织活动的项目集中在徒步穿越、拓展、速降、攀岩、漂流、野外生存等。作为预期进入户外运动行业的经营者和已经营多年的俱乐部来说，如何正确、合理地进行产品定位，是直接关系企业营利多少，甚至是成败攸关的大事。

（五）会员营销

一般的户外运动俱乐部分为个人会员和团体会员（企业会员）两种。团体会员指以单位名义参加的会员，会员证本单位的人均可使用。

关于个人会员的权利，各个俱乐部有所不同。但户外运动俱乐部会员的义务大致相同。比如，某家户外运动俱乐部的章程中如此规定会员的权利和义务：会员参加俱乐部活动享受 AA 制（成本分摊，每次活动费用为 50 ～ 150 元）；会员有爱护俱乐部内部设施及野营装备的义务，如有损坏，应按原价赔偿；会员对俱乐部的各项制度以及各项活动的计划、组织、装备有建议及监督权；会员应维护俱乐部声誉，不做有损俱乐部利益的事；会员提前得到俱乐部每次活动的具体计划，以报名形式参与，择优录取（会员参与次数机会均等）；参加俱乐部组织的每次活动前先预缴该次活动所需的全额费用；对会员提交的户外活动、体育、娱乐活动等具体方案，俱乐部将在 3 天内给予答复，如被俱乐部采纳，则由俱乐部组织实施，也可由俱乐部委托提议人组织实施。

相对于个人会员而言，现在几乎所有的户外运动俱乐部都为一些地方企业提供集体会员服务计划，这些企业也对此计划十分感兴趣。通过为企业提供服务，从而吸引会员加入的方式是得到公认的。从一个公司大量集体招募多个新会员比单独逐个争取相对容易，而且成本相对较少。另外，企业为员工缴纳会费，俱乐部为员工提供优质的户外运动健身服务，既满足了员工的身心健康要求，也增强了企业的活力，进而提高了企业的生产率。以户外运动俱乐部的拓展训练服务为例，拓展训练是最有利润的项目，通过为企业员工集体进行拓展训练，可以增强企业的凝聚力，培养员工的团队精神，锻炼员工的意志品质。

另外，采取各种营销手段、更好的服务、更多的产品满足会员的需求，提高会员满意度，稳定会员数量，降低流失率，也是户外运动俱乐部的重要工作。

（六）传媒

保持和确立户外运动俱乐部良好的形象，增强消费者的认同感，吸引更多的消费者参与是户外运动俱乐部营销的重要工作之一。

广大年轻人非常爱好户外运动，证明了户外运动俱乐部存在的必要，而且其在这种环境下也可以运转得非常好。但对于众多的户外运动俱乐部来说，如何在激烈的市场竞争中立于不败之地，除了有效地经营管理外，还应进行必要的广告宣传，如通过电视、报纸、杂志、展会、户外广告、广播、互联网等进行宣传，从而增加曝光率和有效度。

第七章 现代户外运动的风险管理策略

第一节 户外运动风险管理的历史经验

由自然灾害引起的山难通常是不可预防的，但并不是说只能被动接受，而是应该采取积极面对的态度，积极规避。而由主观失误造成或加重的山难应该是可以预防的。对种种危险的规避和预防方案及遇险救援的方案，组成了完整的山地户外运动风险管理体系。

人们对风险的认识也在变化。传统的风险概念即是客观存在的危险，现代意义上对风险概念的理解是多元化的，简单可概括为“失去或获得某种有价值事物的可能性”。一方面风险不仅是客观存在的危险，与人类的决策和行动的后果联系密切；另一方面风险带来的不只是消极的后果，还有积极的后果。被动的风险认识，只考虑可能导致的损失和伤害；积极的风险认识，在考虑风险导致损失和伤害的同时，也考虑到直面挑战，闯过风险后的收获，比如锻炼了勇气产生了成就感等。

户外运动的重要理念之一，就是在自然环境中，迎接挑战，提升自我，提升团队。不经过风险的考验和磨炼显然达不到这个目的。只有在极端危险和紧急的情况下，才能得到巅峰体验和飞越性的提升。当然，同时发生严重不良后果的可能性也会显著增加。风险指数低，这种体验提高的效果亦会相应减弱，没有风险，就没有了体验修炼。所以人们参加户外运动，必然会去搏击风浪、跋山涉水、爬冰卧雪、激流勇进、飞车疾驰、无高不攀……在激情中接触风险、挑战风险、挑战常规、挑战自我。其实所有开拓进取的事业都是如此，只不过面临的风险的性质和形式不同而已。例如，投资时有资本损失的风险，可也有资本增值的机会；手术时有失败的风险，可是成功了就可以挽救一条生命；改革的风险很大，可改革的成功会推动社会的巨大进步。风险无处不在，人类要进步，则必须学会在大风大浪中乘风破浪、勇往直前。当然风险成本核算是必要的，尽可能地避免或减少损失。

风险管理的核心内容之一就是度的把握，通过对风险的认识和掌握，把风险控制在可接受的程度，使其为我所用。对大多数户外运动参与者来说，这个“度”就是指在正常情况下不会造成致残性或致命性的伤害。

在登山户外运动中，不同的人群有不同的要求，对风险指数的选择也会不同，所做的选择只要符合科学，适合自己就应该得到尊重。需要告诉大家的是，各种户外运动具有什么样和多么大的风险，其发生发展的规律，如何避免、减少和防止风险产生的危害，如何通过风险关口达到成功的彼岸，等等。当然，首先要恰当地选择你自己所能承受的风险度，并做好能进能退的思想准备和技术准备。

山间危险是不能预防和消除的，但可以规避和减轻造成的灾害；自然灾害是难以控制的，但人为过错和不当是可以避免的。不管是通过规避的方法消除自然危险的侵害，还是杜绝人为过失所引发的伤害，都可以归结为加强风险管理，防范山难的发生或减少山难的伤害。在开展登山户外运动时，必须强调安全第一的原则，应做好以下四方面的工作。

一、加强安全教育工作

对登山等户外运动存在的危险进行深入的认识与了解，增强风险防范意识，提前做好准备工作，为保障自身安全不断学习，应该成为参与户外运动的第一课。认为安全等内容是老调重弹的想法是错误的，如果户外运动者在野外发生突发状况时才来寻求解决办法，就为时已晚。户外运动者需要在意识层面上进行自我改变，将挑战险境的户外运动初衷更改为准备充分应对挑战，只有对自己安全负责的人，才能对家人和社会的安全负责，才能减少对社会公共资源的侵占，进行安全教育是非常必要的。在新西兰，曾经有学者对户外运动事故事件展开严密的数据分析，在技术上找出防范事故的手段，并有针对性地进行宣传与传播。其结果证明，安全教育工作的广泛性和深入性与遇难人数密切相关。同时，宣传教育经费投入与遇难人数也有很大关系。

为了减少登山户外运动中的遇险、遇难人数，在传授各种技术、推广各种新式装备前，先要做好最简单也是最基本的安全保障工作，即安全教育工作，使每位户外运动者都了解到户外运动的危险，增强安全意识。

安全教育要取得好的效果，就要注重广泛性和持续性，因为每年都会有新人进入户外运动，也有很多经验丰富的活动者尝试更高难度的新挑战。

安全教育还要发挥各方面的积极性，政府和权威部门要制定相关的管理办法、安全标准、指导手册等。媒体是最重要的宣传教育窗口，尤其是电视和行业性的报刊。从业机构可以办各种形式的培训和讲座。学校要向学生从小开始就传授安全知识。总之，社会各方面都应该为安全教育承担责任，尽到义务。

风险和安全教育还可以起到正确的舆论导向作用，使全社会正确认识和理解登山户外运动中的危险，了解掌握规避危险的方法，从而提高社会的承受能力。

二、加强从业机构的规范建设，倡导有组织的户外活动

严密的组织和科学的战术是保证安全的大前提。在队员选拔训练、资讯准备、物资的准备和运输、适应性行军、安全登山路线的选择、营地设置、天气时机的运用、待机安排，接应组织，克服难点，突击顶峰等方面都要做好精心、充足、严密的准备和组织，实行有效、严格的指挥。反之，一支组织涣散、指挥不灵、队员各行其是、缺乏合作意识的登山队，或队员之间互不相识、互不关心拼凑起来的乌合之众，是极易发生问题的。而且一旦发生问题，就会像雪球一样越滚越大，局面难以收拾。严密的组织是户外运动成功和安全的保证，规范有资质的从业机构在组织活动上有可信的能力和不断积累的经验，不断加强机构的规范建设，从全局来看对户外运动的健康发展是不可或缺的。在经济发达的国家，有风险的活动都是由专业化的公司和社团组织的。

就目前的户外运动活动而言，危险系数最高的群体当属无组织的自由群体，他们在“无责任”的基础上展开活动，其中的“无责任”，指的是户外活动组织者不对组织内成员承担任何责任，也不具备相应的危险化解能力。以网络召集组队的形式居多，这样的模式其实蕴藏着极大的风险系数，因为大家基于网络平台认识，彼此间缺乏基本的了解与信任，如果遇到危险或灾难，无法形成互帮互助的局面，即使召集者有能力进行救援，队员间专业能力不够，也无法

实现自救与他救，在慌乱的氛围中，很容易陷入更大的危机。因此，户外活动的爱好者最好参与具备一定风险承担能力的组织活动，不将自己的生命安全托付在一个不可靠、不能承担责任的活动组织者身上。

无组织的个人单独行动遇难的案例也不少。多数案例表明，在发生险情时如能得到团队的救助，才可能避免或减少死亡。

三、出发前进行认真的学习和准备

户外运动是一项综合性运动，涉及诸多方面，需要掌握多方面的知识、技术和技能，需要积累和学习大量的经验。出发前要充分地做好思想、组织、知识、体能、技术、装备和急救物资的准备。这些要求在很多手册、教材中都讲述得很全面，这里只提一个大纲。

（1）知识学习：地理学、气象学、冰川学、医学、运动学等，详细了解活动地区和路线的有关情况。

（2）技术和技能：识图和定向定位、攀登技术、安全保护技术、野外生存技能（包括走路、涉水、露营等）、天气观测、装备器材的选择和正确使用、野外急救常识。

学习中不可能做到面面俱到，可以根据所参加活动的要求选择重点学习，但要强调基本功的学习和掌握。要真正学到手，不能形式化、表面化，不能似是而非。例如，司法已经介入的“中华户外第一案”，其涉案的户外队错误选择宿营地是很不应该的。选择宿营地的标准主要有：①安全。远离山区容易发生泥石流、山洪等灾害的区域；注意防风；避开野兽的攻击等。②临近饮用水源。③注重环境保护。在河道中宿营，垃圾和排泄物处理不当，将会污染水源。这些基本知识想必召集人是知道的，但没有认真对待，也没有吸取发生过的悲剧教训。行军很累和找不到合适的地方时至少也应在夜间派人守望。之前就有一支户外队宿营，派了人员守望，山洪来时，及时呼喊大家撤离，虽然财物有损失，但保障了人员的人身安全。

四、提高风险管理的科学水平，有效进行风险控制

20 世纪的风险应对措施，主要可以从严密组织、后勤保障、技术战术、装备设施、救援措施等方面入手。随着科学技术的发展，21 世纪的风控系统已经

进入完备阶段，对风险也有了更加具体的认识，在工具选择上也更加精密。现代的风险管理具体可以分为以下 5 个类型。

（一）危险因素识别

只有具备危险因素识别能力，才能更好地实现危险管理。因此，在开始进行风险管理时，应该先对整个活动的客观环境进行系统分析，选出可能对人或设备造成危害和影响的因素，进行危险系数的排列。

（二）风险分析

在筛选出可能产生危险的因素后，从危险事故可能发生的原因入手，对风险可能发生的地点、时间、可能涉及的人员、状况进行全面设想，充分分析危险的后果。

（三）安全控制手段

根据风险分析报告，选择相应的安全控制手段，以低风险、低成本、损失小为前提进行备案，从领队的角度提升安全控制系数。

（四）风险评估

对前期进行的风险预测内容进行深入检查与评估，针对安全控制手段进行可行性和有效性考察，并基于情况分析总结相关事项的预防经验。

（五）风险对策

根据实际发生状况的记录和管理评估，回顾并修正安全控制的手段并提高风险管理水平。在实际操作中，风险管理表格只体现危险因素识别、风险分析和安全控制。其中危险因素识别和风险分析可以进一步细化。

最后，概括以下几点：①对于客观存在的危险，是无法通过提前预测进行防范的，但是，在经验基础上，我们还是能通过对规律和变化的总结，采取较为有效的规避方法，努力减少或避免灾难的发生。②引起危险发生的主观因素大多为判断失误和专业技能欠缺，这个方面的内容是可以通过自身努力避免的。③通过科学的风险管理手段把风险控制到可以接受的程度。④合理利用风险管理，发挥户外运动的更大效益。

第二节　户外运动风险管理的构建

一、现代风险管理的基本概念

（一）什么是危险

危险是导致事故发生的各种因素。客观危险和主观危险均可单独引发事故，前者是自然灾害或意外，后者是人为失误的事故。实际上，绝大多数事故是由综合因素造成的。有关文献中曾对 11 例事故进行了详细分析，结果表明导致每例事故发生的危险因素达到 25 个。尤其要强调的是，大多数的事故发生都有主观上的不足和错误。

（二）什么是风险

从传统意义进行解释，风险通常被理解为危险，即客观存在的危险，如山体、天气等。现代意义上的风险则是从另一个角度进行解释，指的是“失去或获得某种有价值事物的可能性”，在这个定义中，风险的存在不仅是客观因素造成的，还是人的决策和行动所导致的。因此，一些学者提出了这样的论点：任何事情本身都不是风险，世界上本无风险，但是，任何事情都能成为风险。

总而言之，风险并不完全是安全的对立面，也不完全都是消极的。风险除了与损失捆绑外，还可能成为收益的刺激性因素，具有一定的促进作用。正确认识风险，端正对待风险的态度，是户外运动者在行动前必须学习的重要技能，只有保持良好的心态和正确的价值观，才能不断在团队建设中实现自我提升。

（三）风险类型

从风险的存在形态来分，风险可以分为实在风险、潜在风险和意外风险三个类型。

（1）实在风险：必然发生的危险、事故和损失。

（2）潜在风险：可能发生也可能不发生的危险、事故和损失。

（3）意外风险：不可抗力因素造成的意外危险、事故和损失。

（四）导致户外风险的因素和安全控制

1. 导致风险的危险因素

风险成分主要来自环境、人、活动及装备。

人的因素包括身体状况、经验、技术、心理和沟通交流等。

活动类型及装备是影响风险大小的另一个重要因素。

这些因素不是孤立的，而是综合在一起使风险的级别呈动态几何的放大。环境因素主要指地形和天气两大因素。在评估环境危险因素时应考虑三个方面对其产生的影响，即活动内容（静态和动态变化）、活动地点和气候（季节）。

2. 安全控制因素

环境因素，无法进行控制，但对活动，可以通过计划、组织领导、经验、判断等来进行安全控制。

危险因素和安全控制因素是一对矛盾体。危险因素所决定的初始风险的大小是一定的，但在危险因素的动态作用下，风险可能会几何地放大，好比活塞，安全控制因素是活塞杆，控制着风险水平。一般而言，风险与安全控制可以达到一种平衡，安全控制力越强，风险水平上升的可能性就越小，反之亦然。

二、户外运动风险管理的原理

（一）户外运动中的风险和快乐及创新并存

在徒步旅行之后，一位从未考验过自身耐力和体力的学生会认识到，他能在如此恶劣的天气中爬上那座路长、坡陡的高山，那么他还有什么事办不到呢？不知不觉之间，他具备了自己根本没有察觉到的一种力量、一种决心。以后他会有意识地进行徒步旅行。

户外活动，能给人带来激动人心、甚至快乐的时光，参与者很快会迷上这种全新的体验。

探险经历有助于参与者获得以下感受：①增强自尊心；②增强自信心；③体验克服困难或迎接挑战的兴奋感；④体验成就感和幸福感。

探险是让人在困难环境中，通过不断努力与思考，在排除风险因子的干扰下，实现自我突破，完成无法想象任务的过程。在探险的过程中，除了要解决挑战与刺激的项目任务外，还要突破自我认知的局限，以更加科学有效的思维来思考问题，实现自我成长与思想突破。

户外活动领队会通过有意识地增加风险，促使活动参与者离开他们舒适的生存空间。但也有一些从事户外活动的专业人士一直对这样做的价值表示怀疑。

英国探险活动管理部门认为，适当平衡危险与控制之间的关系，会推动探险活动逐步发展。

如果清除了活动中的一切危险因素，那么这项活动的意义和效果会遭到根本性的破坏。

例如，户外活动的领队可以选择一条没有松动的岩石、冰块、冰隙、陡峭山路、雪崩的路线，没有恶劣天气的威胁，没有劳累困顿，没有使用技术和装备的必要，借此规避登山活动的一切风险。这样活动的实质和价值就遭到了根本性的破坏。但是，如果能使参加者认识到，这个活动具有增加自信心、获得成就感、成功地找到路线以及安全返回等诸多益处，那么探险就变得有意义了，同时能得到相应的管理。通过运用规避风险的知识、技能、能力和装备，参与者就可以去实现自己的理想目标了。

如果没有潜在的消极情况，那么探险体验能否成为一种创造性（增长）的推动力就值得怀疑了。困难和风险是激励人们能力和意志的磨刀石，能够使创造力的刀刃变得更加锋利。从这个意义上讲，创造性的风险和破坏性的风险之间存在对立统一的辩证关系。

（二）社会对户外风险的容忍和接受程度

社会对风险的宽容度和户外领队道德上的责任要求可以总结为有意识地让自己“冒险”是“正确”的，但是让别人冒险却是“错误”的。

人们在日常生活中时常面对被社会容忍的风险，如交通事故、自然灾害等，并且容忍这些风险随时出现，但是对普遍认为不应该发生的风险，特别是在知道情况的制度框架下（如学校、探险旅游业或户外团体）发生的风险会产生强烈的反应。因此，这些组织者有责任确定设施和项目符合高水准的公共安全。并且，社会可能对失败所带来的后果反应非常激烈，对失败所造成后果的批评非常苛刻。

社会的反映在以下情况会变得更为严重。

（1）团体对活动不熟悉；

（2）参与者在专业团体或领队的带领下；

（3）专业水准低下；

（4）未告知参与者有可能发生的危险；

（5）团体不愿承担应有的风险和责任。

加强风险管理，也要普及安全教育，不断增强人们的风险意识，提高社会的容忍程度和承受力。

（三）对风险水平的认知和承受

现代的探险者，既想在户外活动中获得身体调节与精神上的放松，体验挑战后的刺激感与愉悦感，又希望能在户外活动中全身而退，自身的生命安全能有所保障。但是，无论是否专业人士，都会面临一定的危险。因此，探险者们在开展户外活动时，有必要保护好自己的安全。

为了提供高水平高质量的户外体验，户外运动领队对风险的掌控能力就要随之上升，从心态、情绪、体能和文化上进行不同程度的进修，如果参与者不愿意参加某一项活动，就要站在对方立场进行思考，对活动的安全指数重新进行定义与衡量。户外运动领队有责任对户外运动活动存在的风险进行管控并采取相应的应对措施。从法律层面上讲，这也要求户外领队在专业技能上具备一定的水准，以保障参与者的生命安全，并获得更好的户外体验。在采取风险决策和应对措施时，应充分考虑以下三个方面的内容。

（1）绝对风险，即在缺乏安全控制措施的环境中，风险发生的最大限度，换句话说，可能出现最糟糕的情况有哪些。

（2）剩余风险，即绝对风险得到安全调控之后存在的风险程度。风险得到控制，但仍可能发生。剩余风险很难确定，精明的户外活动领队都会努力确保将剩余风险降低到可接受的范围内。

（3）感知风险，是任何人对可能随时出现的剩余风险大小的主观评估。与户外活动的领队或经验丰富的探险者相比，新参与户外活动的人对风险会有不同的认识。人们的认识往往会受到以往经验和个性特征的影响（如他们是胆大的人还是胆怯的人）。感知风险通常因人而异，因而，人们对风险的感知会涵盖从绝对风险到零风险各个水平。

户外活动领队应该认识到，一个群体内不同个体的风险认识会存在重大差异，一个人看来危险的事情对另一个人来说可能未必如此认为。人们对风险的感知会受到下列因素的影响：

①经验水平；②疲劳程度；③对设备的熟悉程度；④心理要素；⑤位置；⑥对其他人的认识；⑦自身认识局限性；⑧领队使用的方法；⑨对情况的认识；

⑩对未知事物的恐惧；⑪情绪；⑫安全感；⑬焦虑程度。

户外活动领队还必须协调剩余风险及感知风险。如果剩余风险及感知风险未能协调一致，那么就可能会出现问题。由于种种原因，感知风险未必能与剩余风险相协调。例如，如果焦虑的人对风险的感知水平过高，那么他们可能会进入一种情感及生理危险区。结果，他们的表现和发挥会受到影响，并表现出惧怕、焦虑和逃避，他们的行为会提高自身，可能还有群体内其他人面对的风险程度。但是，如果那些胆大的人对风险的感知水平太低，那么他们可能会进入另一种生理危险区。

情况 1（不协调）：剩余风险高而感知风险低。活动的参与者可能没有切实认识到剩余风险。例如，人们划着小船沿着一条未知河流顺水而下，却全然不知下个激流之后是瀑布。这样，他们遇到生理危险的概率会很高。由于掉以轻心和粗心大意而采取草率的危险行动，增加了发生的危险可能性。

情况 2、情况 3（协调）：风险的感知水平（高或低）与客观存在的剩余风险相协调。人们能认识到险情的存在并具有处理这种情况的技能和经验。

情况 4（不协调）：剩余风险低，而感知风险高。例如，跳蹦极的人可能会很害怕，会产生焦虑，想逃避。尽管他们跳下去不会有任何身体上的伤害。在随后的几星期里，他们还可能会做噩梦，不断承受心理和情感上的伤害，担心可能由于他们的拖累给团队其他人带来麻烦或危险。

对风险的感知具有多样性。通常，很高的感知风险会表现为恐惧或焦虑。有些人可能天生易于焦虑，从户外活动领队的角度来看，关键是要判断参与者有多大焦虑感，以及什么时候会出现焦虑感，这样才能有效管理活动，进而减少心理、情感或生理上的伤害。在有些情况下，参与者会有意躲避挑战。

相反，高剩余风险环境中的低感知风险在某些参与者身上会引起厌倦和粗心，对某个人或群体而言，这样容易造成生理上的危险。如果遇到这种情况，户外活动领队应给予提醒警示和强调，使人们对风险的认识更接近现实。在有些环境中，由于经常从事重复性的工作，领队也可能承受着厌倦与粗心的风险，必须认识到这一点，并随时保持高度的警觉，兢兢业业、认真细致地做好领队工作。经历绝对风险（很可能造成生理或心理伤害）才能实现目标的情况毕竟很少。户外活动领队应该避免让个人或群体陷入这种局面。

很多户外运动项目特意加入一些有助于参与者感受到风险因素的各类活动。当某个人运用自己逐渐掌握的技能以及在群体的支持下克服了一项艰巨的挑战时，他会产生一种强烈的成就感。选择适当的风险水平，同时结合精心设置的目标，帮助参与者实现高质量的体验，这种成就感就会产生。

如果某个参与者的感知风险过高，那么最好的结果是无法达到预期的目标，最坏的结果是出现危险。这对那些遭受过屈辱或冷遇的人，或是那些正与心理健康问题抗争的人尤其如此。户外运动参与者中有不少人属于这些类型。当然，任何群体里都可能会有感知风险过高的参与者。

户外活动领队经常被告知要加强对活动参与者的告诫，提高他们对风险的感知能力，并且认为这对参与者的成长和转变是重要的。实现成长与转变的最佳状况是让参与者感到安全，能感到有人关注自己。户外活动的领队应采取措施，降低参与者，尤其是那些探险活动的参与者对风险的感知水平，借此营造安全的氛围。具体可以通过下列方式实现这个目标：（1）关注参与者的基本需求，如食物、水及住处；（2）在舒适的环境中工作，参与者应接受挑战、得到鼓励、获得支持，以便尝试各种不同的活动，并克服自身的恐惧感；（3）对生理和情感安全同样关注，同时学会评估及排解焦虑感；（4）运用协作及合作式领导的方式，培养安全感和稳定性。

（四）户外运动的风险管理

虽说在户外活动中体验探险有诸多好处，但是如果出现问题，就可能会造成严重的损失。因此，必须建立系统化的风险管理制度。

在大多数风险管理的著述中，风险管理中的“风险”基本上是指发生损失的可能性。应用风险管理的原理、程序和策略，把在实现某个项目的使命和目标时可能发生的损失控制在可以接受的水平内，最终自然也会获得最理想的收益。在以下的描述中，也是这样使用“风险”这个词的，使读者可以全面理解风险的概念，在分清风险与危险的基础上去理解风险管理中风险的含义。

例如，在一个项目中，参与者仅限于使用小刀和毛毯去搜寻食物和住处，这与使用帐篷、火炉，每人每天带上 1 公斤食物的自助旅行课程相比，能带给参与者更多的风险。培训和指导是风险管理中的重要组成部分，通过风险管理，可以更好地培养学生独立旅行和野外生存的能力。

户外探险活动中存在风险，体验风险在个人成长以及团队建设中起着重要作用，在娱乐、探险旅行以及团队活动中也经常是一个受欢迎的部分。这就是为什么有必要把人们置身于有风险的环境中，无论这些危险是真实的还是模拟的。没有危机，机会也就随之蒸发了。但通过户外运动风险管理，将户外运动中可能出现的风险，控制在一个可以令人接受的程度上。

风险管理的目标并不是追求绝对的安全，无论如何减少危险因素和提高安全控制，在登山户外探险活动中风险总是存在的。但通过影响危险因素中的动态因素，可以从安全控制的训练、积累经验、合理计划、提高判断力等方面不断提高活动组织能力和有效的风险管理能力。

在登山户外探险活动中，既要认识风险的特性，又要发挥风险的激发作用，同时要设法减少和消除风险伤害，即进行风险管理。风险管理中首先要认识到风险的存在，考虑到参与者对风险的应对能力和承受能力。登山户外运动中的风险管理目标有三方面：一是防患于未然，即规避风险，避免险情和损失的发生。二是风险最小化。降低险情和损失发生的可能性，使损失最小化至可接受的结果，通过合理的风险管理手段使结果可以被理解和接受。三是利用风险管理使活动收益更大。

三、系统风险管理的架构

（一）风险管理的方式

面对户外运动中的风险，可以根据不同的情况，采取以下不同的对策方式，把风险和损失控制在可接受程度，并完成既定的活动计划。

（1）规避 / 防范风险：规避客观危险，防止主观因素造成的事故。

（2）降低风险：使风险指数降低，达到可接受程度。

（3）转移风险：分散风险、共担风险，如做保险和雇用专业人员。

（4）保持风险：追求理想（最大）收益，接受高风险挑战。

（二）风险管理的主要组成部分

1. 法规准备

（1）法律是由国家制定的、强制性的要求。我国在户外运动管理上的法规尚很缺乏，有待行政主管部门制定相关法规、政策和国家标准。

（2）行业标准和指导方针。这是一种强烈推荐的通常基于在业内已得到认可的最佳经验的总结。

（3）从业机构要建立自身严格、严密的安全管理制度。这些制度要具体、细致，便于执行。制度执行的状态和效果要与相关责任人的利益结合起来。

2. 建立信息资料（包括经验的收集、整理和积累，建立翔实的档案库）库

足够可靠的各种相关信息资料是建立高效、高针对性风险管理系统的重要

基础之一。信息资料越全面、越丰富，据其设计出的风险管理方案会越准确，越有指导作用。

事故资料的收集可为户外活动的安全管理提供宝贵的信息，包括活动目的地、国家和国际资料。一个地方的事故资料有助于判断另一个地方的安全管理情况。其他行业的安全资料也可为户外运动提供安全管理的经验。例如，工业生产安全研究的方法和结果，有助于户外活动安全的调查和研究。

（1）活动目的地的资料。关于活动目的地的自然环境和交通、医疗条件、救援力量等方面的资料，在活动前一定要进行详细的了解。有关自然环境方面，要着重了解地理、地形、气候、季节、水文、自然灾害等方面的资料，努力做到知己知彼。

不同的活动可能会碰到不同的危险因素，导致户外活动发生事故的任何因素都不可忽视，有些因素不是户外活动事故的诱发原因，但是对某一具体事故的分析可能非常重要。

例如，下列事故发生主要原因的材料来自新西兰户外教育中心，它们有很强的地方性，但也可以作为参考。①环境条件、天气极其寒冷、视线较差、下雪、白天短（冬天）、坏天气、黑暗、排水性差的糟糕地段。②责任的错误分配（安全要求高的工作分配给无经验的工作人员或学生）。③过去的身体状况。④缺少有能力有经验的户外活动从业人员。⑤残缺破损的设备。⑥工作人员对学生体能的评定粗略。⑦卫生条件差。

（2）全国的资料。国家对事故的监督为户外运动的安全管理提供了宝贵信息。

中国登山协会于2007年底发布了中国登山户外运动事故报告书，报告书对我国户外事故发生的状态、原因、地区分布、防范措施等进行了详尽的统计和分析，具有很强的指导作用。

（3）工业安全生产的资料。事故发生率研究（见图7-1）表明造成严重伤害的事故只是冰山一角。工业事故分析发现，每发生一个严重伤害或死亡的事故，就至少有10个轻微伤害的事故，30个造成财产损失的事故，600个造成潜在伤害的事故（比率为1 ：10 ：30 ：600）。

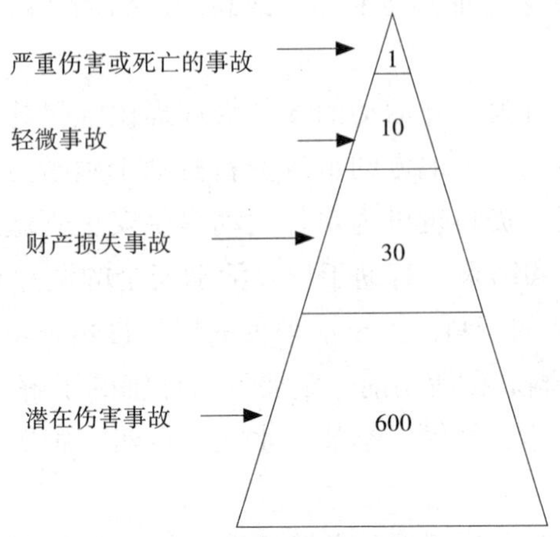

图 7-1 事故发生率研究

研究表明，未造成伤害的事故比造成严重伤害的事故多，但绝不应该只重视少数的严重事故，因为从有潜在伤害的无伤害事故中，我们会发现许多问题。

12 个专业户外研究组织在新西兰研究发现，严重事故与轻微事故的比率为 1:16, 这与图 7-4 中工业事故中 1:10 的比率相接近。研究还指出以下现象。

①幸免事故有 50% 的机会演变成严重事故，而轻微事故只有 6% 的机会。所以在研究严重事故发生率时要调查幸免事故与其他类型的事故，这有助于有目的地分析潜在严重伤害的事故，也能发现潜在的诱发事故的原因。②造成真实伤害或潜在伤害的 10 次户外严重事故中，包括一些被传统地认为具有高感知风险和低剩余风险的活动（如登山运动中的沿绳下降活动和绳索活动）。在另外一组的 34 次活动中，探洞列于真实严重伤害或潜在严重伤害的倒数第二位，虽然这个活动经常被认为是高危险的。③在团队中，男助理更容易遭遇导致严重伤害的事故。④下午比上午更容易发生事故，但是上下午发生事故的严重性没有什么不同。⑤对一场致命户外事故分析表明，有经验者与无经验者的死亡数目相同，92% 的伤亡是可避免的，只有 8% 是参与者避免不了的，这一发现充分证明自然事故远不如人为事故严重。

这更说明相应的能力、户外活动经验、充分的计划和信息收集，对降低事故发生率是非常重要的，也证明了风险自动平衡理论，进行户外活动时经验丰富、有高度自信心与解决问题能力者能够承受更大的风险。如果发生事故，会有同样多的有经验者与无经验者遭受事故伤害，因为更大的风险导致更大的损失，这不足为奇。

3. 从业人员（领队）的选择、培养和提高

领队是风险管理执行中的核心人物，领导和协调能力、技术能力、经历和经验、风险形势的判断和决策等在风险管理和处理险情中起着实质性的关键作用。这一点是毋庸置疑的。因此，从业机构在选择领队时，一定要详细考察，慎重取舍。可以从以下两点考虑。

（1）个人的全面情况。技术、执行力、经验、全面素质等。

（2）持证上岗。领队要有经过认证的资格。

同时，从业机构不能单方面地增加领队所要承担的责任，也要给领队关怀和支持，安排再学习的机会，不断总结，加强学习，提高业务能力。

4. 制订风险管理方案

风险管理计划，或称之为安全管理计划，有以下几个主要部分。

（1）危险因素识别。风险管理的第一步是进行危险因素的识别，即分析整个活动的环境、人以及装备可能造成的危险、事故和损失危险及潜在危险，并进行排列。

（2）风险分析。进行危险列表的风险分析。分析主要从这几个方面进行：危险、事故可能发生的机制和原因，什么地段发生、什么情况下发生、什么人最容易发生，特别注意动态因素。

（3）安全控制手段。根据风险分析确定风险的可能伤害程度，对风险的防范和应对手段，选择低风险和最小损失的方法，并准备预案，重点从领队的角度提高安全控制能力。

（4）风险评估。对危险因素识别、风险分析和安全控制进行检查、评估，检验风险管理的合理性、有效性、预测性和降低风险及最小损失的方法，并针对实际发生状况进行对比和为以后风险对策积累经验。

（5）风险监控和记录。根据实际发生状况的记录和总结评估，回顾并修正今后安全控制手段和提高风险管理水平。

制订风险管理计划，首先要确定活动的目的，并为实现预期目的而选择适当的活动项目和内容。然后确定风险管理的策略，包括风险识别、风险分析、风险评估、风险控制手段等。最后通过风险全程监控的记录，对风险管理计划在实施中的效能和问题进行总结评估，指出哪些风险已被有效化解，哪些风险未被识别或未使用正确有效的方法去控制和化解，为今后风险管理水平的提高，提出完善、改进的意见，使之更加全面、有效。

第三节　风险管理的工具与应用

人们一直努力使风险管理系统化、制式化和程序化，从而能全面实行风险管理而没有遗漏，具体到细节而不是笼统，过程连贯完整而不被割裂，便于操作而避免临场忙乱，利于总结、回顾和改进完善。为此，各种风险管理工具被开发出来，用于风险的识别、评估及管理等环节，起到了模型和模板的作用。在户外运动风险管理中，这些工具在处理以下问题及与其相关问题时发挥了很大的作用。具体如下。

（1）设立程序目标。即这次活动的目标和收益是什么？活动程序要设立一个有教育意义的或者娱乐的目标，这个目标应与企业文化保持一致。

（2）风险识别。什么风险损失可能会发生？以史为鉴是很好的切入点，反复发生的事故可以形成规律性的认识。例如，死亡可能发生于车祸、误食毒物、体温过低、健康问题等。受伤可以发生于车祸、坠落、树木倒塌或树枝断落等，还有迷失、心理伤害等风险。

（3）识别致险因素。什么可能引起风险？人员、装备、环境三方面的致险因素及其相互作用与动态变化，隐患、险情、事故之间存在的因果关系，组成了一个数据系统。

（4）决定管理策略。我们如何防止错误？谁要负起责任？什么时候、什么地点要采取排除或减少风险的措施？

（5）突发事件与预案。意外发生时，我们要做什么？

司法介入登山等户外运动事故的力度正在不断加强，法官们对户外风险管理计划的审查也会越来越细致。而客观上，在事故发生后，往往会发现计划中要么与客观情况脱节，要么严重缺乏细节，要么未被严格执行。

风险管理计划要做好，同时还要执行好，才能起到控制风险的作用。

一、风险与安全的适配与决策——四窗口矩阵

判断和决策是每天都在运用的技巧，户外运动也不例外。领队要对风险进

行掌控，从而让团体可以实现自己的体验目标和安全目标。由新人组成的团体和富有经验的人组成的团体，风险是不同的。新人团体需要一个风险低、受到一定控制的环境，而经验丰富的团体则有能力应对形势比较复杂的环境。

领队要持续不断地评估团体的进步。如果活动的风险得到过高控制，参与者可能会感到厌倦而试图自己增加风险，也可能引起意外事件。如果对活动的风险控制不够，也可能导致意外事故，并且被看作粗心大意。领队应该对各种可选情况进行考虑，并基于自己的判断做出决定，从而正确均衡风险与安全性。

即使改正错误也需要做判断和决策。具有良好判断能力的领队，应该具有从各种情况中总结经验并在过程中进行学习的热情和能力。

在评估户外活动潜在的风险以及做出相应的决策时，四窗口矩阵（见图7–2）能够提供很好的帮助。这个矩阵综合了形势的严重程度以及可能出现意外事件的频率，把面临的情况分成1、2、3、4四个窗口，排列成矩阵。根据形势的严重程度和可能出现意外事件频率的4种不同组合，提供4种能够应用的标准策略。如窗口1指示在形势严重程度低而发生意外事件可能性高的情况下，窗口提供的管理策略是减少风险或消除风险。

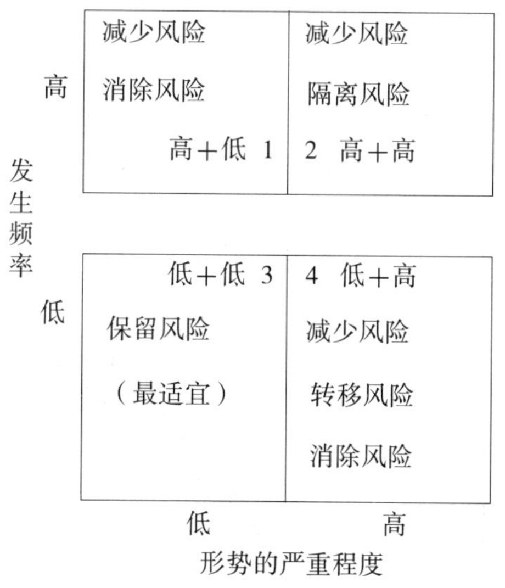

图7–2　四窗口矩阵

窗口3: 保留风险。活动可以继续，因为风险发生的频率及严重程度较低。

窗口1、2、4: 减少风险。采用相应安全操作技能及知识将活动中的风险减少到最低程度。

窗口 1、2、4: 消除或隔离风险。活动中风险发生的频率或严重程度处于令人无法承受的水平。此时应该将风险消除或隔离。

窗口 4: 转移风险。将决策的责任转交到某位技能更高的领队，或者给参与者提供信息，让他们做出选择，并承担责任。

这样做的目的是对风险进行掌控，从而使风险处于可以接受的水平。换言之，目的是进入窗口 3, 在风险发生频率较低，同时严重程度也比较低的范围内运作。新西兰一个研究小组建议，在处理决策的选择上，主要应考虑形势的严重程度。处理潜在严重性比较高（窗口 2 及 4）的事件，应该与潜在严重性比较低（窗口 1 及 3）的事件区别对待，而不管风险发生的频率如何。识别这些不同事故的要点如下：

①在事故发生前就识别，可以对事故进行掌控，以减少或消除风险；②在事故发生后识别，可以及时进行紧急处置，减少损失，并对它们进行调查，确定发生的原因，并可以预防将来发生类似事故。

二、操作区模型

操作区模型是一种实用的风险管理工具，可以帮助户外领队了解不同能力的参与者，包括自己及队员与活动难度之间的适配关系，提示在组织安排活动时的安全范围。它还可以帮助计算出胜任的领导者和新人的合适比率（见图 7–3）。

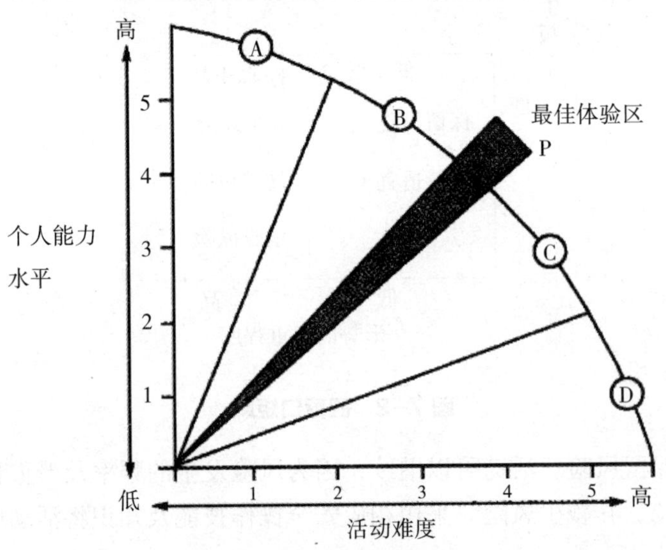

图 7–3 操作区模型

户外领队应该力求在活动需要和自己能力之间保持足够的适应，并要有能力处理意外的安全空间，能够看管好团队，并且在压力下正确处理问题。户外领队只有在能力范围内操作时，才会发挥巨大的作用。

A 区活动：领队或参与者的能力水平远远高于活动的难度系数的要求。在活动中缺乏挑战或者刺激可能导致厌倦，缺乏注意力而导致险情，如果这时领队或参与者决定为自己创造另外的兴奋则可能导致意外事故发生。对领队来说，需要对团体进行认真的管理。

B 区演练：能力水平超出活动难度系数，因此领队和参与者可以很容易地处理挑战和急救。通常是愉快没有压力的过程。

P 区最佳体验：人的能力和活动的难度相匹配。这是参与者可以同时经历挑战和愉快的区域，是探险经历的最适宜目标。

C 区挑战：活动的难度系数稍微高于参与者的能力水平。随着参与者进入挑战状态，大量的学习发生在这个区域，需要最大限度地集中精力，可能有一些忧虑或兴奋是潜在的风险。活动难度选定后，领队应该具有在 A 区或 B 区操作的能力，而不只有在 C 区活动的能力，这是不能胜任进行风险管理的。

D 区沮丧：难度系数高于参与者的能力水平。力不从心，忧虑和恐惧可以导致灾祸，严重的可以造成伤害或死亡。领队应该使参与者和自己远离这些区域。

此模型可以帮助领队为自己和参与者选定合适的操作区。在为一个特定团体计划活动时，此模型可以帮助领队为每个队员找到能力与困难之间的平衡点，选定恰当的活动难度的区域。例如，对一名技术熟练等级达到三级的参与者来说，在 P 区内活动可以得到高峰体验，在 C 区内活动对他是一次挑战，在 A 区内活动他会感到索然无味。与之相适应的活动难度分别为三级、三至四级和一级。

这里要说明的是，模型中的操作区并不是指活动的地理区域，而是指具有不同特征的活动范围，这些活动范围的安全程度和体验效果，是由活动参与者的个人能力和活动难度之间的适配关系所决定的。

下面以皮划艇旅行为例，就如何使用操作区模型做简要阐述。

2 名指导员为 9 名学生和 1 名教师计划一次皮划艇旅行，为他们设计了 2 套旅程方案。他们的技术能力如下：① 3 名学生可以胜任一级桨手；② 5 名学生和一名老师可以胜任二级桨手；③ 1 名学生可以胜任三级桨手；④ 2 名指导员可以胜任三级或者四级桨手；

在 X 旅程：

指导员胜任在 B 区上端工作，如何管理团队是对他的挑战。

1 名学生也将在 B 区工作，参加演练。5 名学生和 1 名老师将要在 P 区工作，3 名学生将要在 C 区工作。他们将发现旅程很有挑战性。

在 Y 旅程：

指导员的能力适于在 B 区下端工作。1 名学生将要在 P 区操作，5 名学生和老师将要在 C 区操作，体验挑战。3 名学生将要在 D 区操作，危险较大。

这里不采取让专家去决定什么样的旅程更加适合这个团队，而是根据操作区模型，对 X 旅程、Y 旅程这两个方案的优劣进行客观分析。

X 旅程方案：

此旅程在正常条件下可能适合于此团队，如正常的水位，好的天气，不太凉的水，合适的运输装置等。P 区的 5 名学生和 1 名教师将相对独立，他们有在此情况下处理一般问题和彼此帮助的能力。C 区的 3 名学生将发现此旅程是一个大的挑战。领队和学生必须期望“能够”而且有策略去解决一些难题。处于 B 区地位的 2 名指导员，1 人可以对 1 名学生进行 1 对 1 的辅导，另 1 人可以重点监督处于 C 区地位的 3 名学生（这个比率大于 1 ∶ 4，相对是安全的）。在适当的位置有适当的风险处理计划和好的应急方案，它将成为这个团队的最佳体验。

Y 旅程方案：

在此旅程中，3 名学生将要在 D 区，6 名学生和老师在 C 区，1 名学生在 P 区。从计划旅程的那刻起，领队就不应打算将任何人放在 D 区。因为如把 3 名队员放在危险较大的 D 区，6 名队员放在需要有足够支持力量的 C 区，无疑大大增加风险。对他们来说这必定是一个危险的经历，它或许以严重受伤和死亡结束。9 个人将均需依靠 2 名指导员辅助来完成这个旅程，为 1 ∶ 4 或 1 ∶ 5 的比率。如果好几个人同时需要指导员的辅助，为险情发生准备应急措施，这时，指导员可能会顾此失彼，风险很大。此旅程超过了团队控制风险的能力资源。

XY 旅程方案：

环境是动态的，旅程往往不能保持静态。天气或河水流量的变化或许引起一个在 X 和 Y 之间的旅程。或为 X 旅程或者其中部分路线变成 Y 旅程。因此，领队要把这些动态因素考虑在计划和决策中。做好逃逸路线和计划变更的准备是一个风险管理计划中必备的基本要求。如果变动让团队超出了他们的安全操作范围，就要结束旅程。

分析要点如下。

（1）一个团队必须有安排能力。

（2）选择的活动必须在所有涉及的人的能力范围之内。大多数人的能力应该与任务的困难性相适配或者超过任务的困难性。

（3）在 C 区活动必须有足够的支持。一般不宜安排在 D 区活动。

（4）比率是有能力的或者有经验的人与新人的比率，而不是成人数目与学生数目的比率。

（5）环境是动态的，因此旅程可能在邻近区域之间动摇不定。

（6）指导员的能力必须符合 A 或 B 区地位的标准。这样当发现活动具有挑战性，当别人需要支持或陷入困境时，他们将有能力给予及时的帮助。

（7）指导员应该在管理团队中寻求挑战，而不是从活动本身。

（8）对于指导员来说，和同等的人一起在旅程中寻求挑战，能够不断地提高他们的技能。所以，作为参与者参加探险活动是户外领队专业训练的重要途径，而且应该与领队经历和培训经历一起作为其资历的记录。

三、危险的积累和聚变——因果路线图

当一个可能导致事故的因素被忽略或忽视时，就产生了一个隐患。隐患的不断增加，使该活动的危险等级不断提高。最终结果要么是磕磕碰碰地完成了活动，侥幸不出问题，要么是发生事故。

在风险管理中，把这些隐患及与其相联系的前后因果记录下来，进行分析排列，从而可以看清事故发生的过程和一系列因果次序，描绘出事故发生和演变的模式，用可以干预或改变事故演变模式的策略和手段，达到消除危机或减少损失的目的。这就是因果路线图。

诱发事故的许多原因通过几个阶段逐步展开：直接原因、基本原因、管理控制的缺乏。在这几个阶段之间使用正确的、有效的方法和途径进行干预，可以改变事故发展演变的发展模式，能够减少损失。很明显，事故的发生是诱发原因的叠加导致的，只有安全管理才可能摆脱事故的发生。

合格的有经验的领队会时刻警惕隐患的出现，且在事故发生前处理问题。例如，1 名年轻领队带领一群学生准备夜营，检查装备时发现其中 2 人没有足够的外套，1 人没有聚丙烯羊毛衣服，这样就有 3 个隐患，即有 3 个可能导致事故发生的危险因素被忽略了。这时，年轻领队从备用的装备中为这些学生找

来了合适的衣服，从而消除了夜间寒冷会引起事故的隐患。

核查体检表时，领队发现学生中有一名哮喘病患者，还有一名学生对蜜蜂或黄蜂叮咬过敏。领队告诉后者在队伍前面行走，这样被蜂叮咬的概率会大大降低，同时为前者准备了药物吸入器治疗严重的哮喘反应。如果领队能够一直这样小心谨慎，那么大多灾祸就会避免发生，而如果领队忽视了隐患，各种危险就会汇聚在一起，事故就有可能发生。并不是所有领队在运作户外活动时都能够认识到隐患且将其消除。下面的事故说明了许多隐患的累积导致了悲剧的发生。

海洋皮划艇事故

1. 概况

一次海洋皮划艇户外活动，按照事先制订的旅行计划在海边进行。当时天气预报说正午有强南风，所以领队选择了避风水域进行活动。出发时由于交通工具故障出发时间延误。旅行的选择被限制在开放海岸。各由 7 名学生和 2 名领队助理组成的 2 个小组，沿着海岸河口湾处分别朝南北两个方向划艇前进，最后再返回河口湾，4 名助理中有 3 名兼职助理和 1 名专职助理。

2. 过程

助理的指导不到位，学生事先没有接受任何救生技巧训练，出发前助理只是在海滩上给学生示范了水中脱险和自我营救的方法。

各小组决定按计划进行，并要求在天气发生变化前返回河口湾。学生们自己制订了具体计划并担任了小组的领导工作。他们在上午大约 10 点从河口湾出发。

向北行驶的小组在上午 11：45 到达目的地。他们中多数人不准备沿海岸行驶，因为海浪高达 1.5 米。但学生 A 和学生 B 想要冲浪，协商后他们和 1 名助理一起离开小组行动，其他组员划艇逆流而上以等待学生 A 和学生 B。后来学生 A 和学生 B 翻船落到波浪中，被助理救起，领队指示助理带领他们返回。领队自己带领其他 5 名学生返回河口湾。

30 分钟后他们接近了海边，领队命令学生以最快速度斜划至岸边。下午 1：15 他们离海岸 100 米，位于海岸警卫队基地的对面。这时遇到每小时 45 千米，峰高 0.5 ～ 1 米的强南风袭击，学生 C 和学生 D 的皮划艇倾覆了，并很快随波漂远。学生 D 游向学生 C 并抱住了她，领队拼命划向他们。这时学生 E 和学生 F 已乘双人艇抵达岸边，海岸警卫员了解情况后，派来了救生船只与直升机。

领队让学生D和学生C抓住自己的船头，警卫员检查确定他们的状况还好后，继续驶船寻找其他落水者。25分钟后学生D和学生C发低烧，学生C慢慢失去知觉，最后昏迷过去。学生D抓住学生C,用一只手挡住海浪的袭击，让学生C的头露出水面，另一只手紧紧抓住领队的船头。最后另外一条营救船救起了学生D和学生C,此时学生C已经停止呼吸。1名海岸警卫员对她进行了急救，急救持续了40分钟，但是学生C还是没有恢复知觉，事后检查证明她死于溺水。

学生G抓住学生D的皮划艇试图把它带回上岸，但很快船又漂远了，她自己也翻落水中，最后学生G稳住了她自己的船慢慢划向岸边。

学生C的皮划艇在海岸1公里外被找回。学生G和学生D因失温被连夜送往医院。学生B在经历又一次倾覆后被第一条救生船营救，学生A划船回到海岸警卫队基地并找到学生B。助理把他们带回去。

划船朝南划行的那一组在返回河口湾的途中，遇到第一个浪峰袭击时他们已经接近河口湾。几名学生被海浪卷入水中，被助理救起，当地居民为他们取暖并提供热饮。

3. 装备

每组配备一部手机。一组配置了甚高频收音机，另一组配置了电子定位信号仪，两组均配备了闪光信号枪、拖绳、备用分叶桨、救生圈、急救包、备用衣物、食物和水。一个小组有一壶热咖啡，每人身穿聚丙烯保暖内衣、防风夹克和浮力救生设备。

4. 比率

本次旅行每组有2名助理，7名学生，比率为1位指导者带领3.5个学生。向北划行出事故那个小组分两路活动后，助理与学生的比率分别为1 ∶ 2和1 ∶ 5。航海皮划艇运营商作业规范推荐的比率为1名助理与8名学生。

调查结果显示，这次事故是由一系列因素造成的。根据调查发现，这场事故由25个因素导致，其中最主要的因素如下。

（1）运船车故障导致出发延迟，海洋皮划艇旅行被限制在计划区域内。

（2）计划无条理，承办公司事先未指导学生学习任何救生措施，指导不到位。

（3）从海滩出发前没有规定明确的时间限制，虽然他们知道要在暴风来临前返回，但并没有认真对待。

（4）给予学生表现领导能力、执行计划的机会，但未考虑到学生没有任何经验。

（5）向北行驶的小组，行驶得太远，超过安全时间限制，又用了近 60 分钟时间救生。

（6）助理没有阻止同学 A 和 B 冲浪，更没顾及全组的安全。

（7）学生疲劳，返回时不能快速冲击海浪行驶。

（8）遭遇暴风袭击时，学生 A 和学生 B 即刻落海，皮划艇漂走使他们只能依靠外界营救。他们事先没经过救生训练。

（9）第一条救生船驶过 3 名落水学生，没有立即将他们救出，导致 1 人溺水而死，另外 2 人失温。

单独一个因素不可能导致本悲剧的发生，当各个因素叠加组合在一起时，灾难发生的可能性加大。皮划艇从海滩出发之前，大量的事故因素已经形成很大隐患，当隐患显而易见时，领队应该考虑推迟或取消这次活动。

造成本事故发生的另一重要因素是安全管理过程中缺乏学生参与，如果事先他们在鼓励下思考过以下 5 个问题，那么他们将可能会提出推迟或完善此次活动：①本次活动的目的是什么？②将会发生什么状况？③事故引发的原因何在？④怎样防止事故的发生？⑤事故发生后又该做些什么？

只有当参与者真正参与其中，安全管理的实行才是最有效的。责任分担可能是正确估计形势的推动力。这次事故本身并非绝对不可避免的非正常事情，而是一系列失控因素的逻辑结果。粗心、马虎、目光短浅、错误判断或自负，会进一步增加导致灾难发生的可能性。“危机”这个词的意思是一系列事件中的关键转折点，用“危机”这个词更能准确描述当时的情况。

5. 危急时刻与错误的处理方法

在海边皮划艇事故中，最关键的转折点是皮划艇倾覆的时刻。领队、营救人员和学生曾试图用多种不正确或未取得实际效果的办法脱险，有如下几点。

（1）抱作一团。

（2）抓住导师的船。

（3）用船头将 2 名落水学生拖拽到岸边。

（4）将头露出水面。

（5）抓住漂走的皮划艇试图将其拖上岸。

（6）抓着皮划艇游上岸。

（7）由其他人协助落水者上岸。

（8）寻找回漂远的皮划艇和桨。

此次遇险与用错方法处理事故的最终结果是 1 名学生溺水而死，2 名学生失温，其他人遭受精神或身体的折磨。事故发生后本来有转机，可事情竟发展到1名学生死亡的地步。最令人意想不到的是，许多户外活动领队会进行这种不必要的冒险。

6. 教训

经过分析总结，可以清楚地认识到如果采取适当措施悲剧就不会发生。

（1）由于天气或其他原因，领队决定取消旅行。

（2）领队对于多次翻船做出救生计划。

（3）领队明确活动结束时间以躲避暴风袭击。

（4）队员接受救生培训且在旅行前进行演练。

（5）队员具有丰富的经验、海上知识及天气常识，当遭遇事故时能够灵活应变。

（6）向北行驶的小组没有行驶那么远。

（7）助理果断地阻止两名队员的冲浪要求。

（8）返回时，助理去寻找新的停船地点，而不是继续行驶认为他们能够冲过浪峰。

（9）第一条救生船即刻将3名落水者救出，提前25分钟将他们捞出，可避免学生C的死亡、学生G和学生D的失温。

7. 建议

（1）拟定合同明确领队助理的责任。

（2）进行近海水域水上活动前要对参与者进行必要的能力培训如划桨、互救和自救基本技能等。

（3）进行任水上活动时一般不能给予参与者施展领导能力的机会，除非他们有处理相关问题的能力和资质。

（4）强调要根据天气或海洋条件进行活动调整。

（5）进行海上旅行时，领队和领队助理携带海上甚高频率收音机。

第四节　户外领队的风险管理职责及管理策略

在执行风险管理中，领队无疑是关键的人物。从下决心投身于户外运动事业的那一刻起，领队必须永远牢记：不再仅仅是一名追求个人探险体验的爱好者，已经转变成为他人探险体验提供服务产品的从业者，必须承担起重大的责任，承受住巨大的压力，在风口浪尖上把自己的团队带到成功的彼岸。在这个过程中，判断、选择、决策无时不在。做出决策有时是很难的，甚至是很痛苦的。然而领队决不能放弃，必须对参与者负责，对团队负责，对社会负责，做出最终的抉择。

一、掌握风险管理的方法，切实履行风险管理的职责

（一）把握和领导风险管理的全过程

首先要制定明确的活动目标，该目标既要符合所带团队的价值观和企业文化，又要符合自己所属的户外从业机构的价值观和企业文化。既要保障安全，又要通过体验探险实现既定的目标。

在制订计划时，要根据自己和他人的经验，设想出在发生各种意外情况时的应对措施及退路。

在执行风险管理计划中，要保证判断和决策的正确性和合理性，自始至终保证对团队活动的掌控和领导力度。

活动完成后，要及时做好回顾和总结，建立档案，这是不断提高领导能力的重要环节。经验的积累中要注意寻找普遍性的规律，有一些个别的片面的经验可能不准确或具有很大的局限性，要注意分辨和区分。不断总结、不断改进才能不断进步，这对户外机构和户外从业人员来说都是非常重要的。

（二）我国户外风险管理中的突出问题

（1）科学性。大部分户外领队是“自学成才”，缺乏全国性的统一标准。在理念、技术、方法各方面充斥着不少似是而非、不符合实际情况的主张，亟

待进行科学的规范。尤其一些“老户外”，过分强调自己个人的经验，产生了夸大化和片面化的问题。对风险问题的不科学认识、处理，无疑是险情发生的重要因素。

（2）执行力。理论要与实践结合。仅仅依靠夸夸其谈和漂亮的文书工作不能保证户外运动的安全，更重要更实际的是户外领队和组织机构要努力提高执行力，切实把风险管理落实到户外运动的每个环节中。如果文书工作很完善，但实践工作很差，仍然可能发生事故。如果实践工作到位和严谨，会少出事或不出事。一项国际性的调查认为，有效的户外领导力由一些要素组成（表 7–1）。

表 7–1　户外领导力

技　能	领队素质
技术操作技能	动机、价值观和兴趣
安全（辨别和应对危险）技能	身体健康
组织技能	正确的自我认识
环境保护技能	理解他人并能影响他人
教学技能	良好的个人性格和行为
团队管理技能	灵活有力的领导风格
解决问题技能	足够的经验积累

二、执行风险管理过程中的判断和决策

领队的一项重要职责就是做出决策。良好的决策对安全至关重要，而糟糕的决策常会产生不良后果。领队的决策基于他们自身的经验，包括对形势做出判断，并依据重要信息采取行动。我们永远不可低估户外危险环境的复杂程度。领队身处一种复杂的环境，一方面要应对环境中的挑战，另一方面还要与群体中的其他成员打交道。户外活动常发生在诸如森林、荒漠、雪和冰等自然环境中，而每种环境都具有自身特有的特征及风险。参与者则有不同的社会背景，有不同的经历以及形形色色的态度和价值观。

在理想情况下，群体成员能够认识到自身的能力以及与活动有关的风险。同样，领队对群体成员参加活动所需具备的相关能力也要有清醒的认识。通过协调环境要求与群体成员的能力之间的关系，领队可以借助挑战来进行对安全和高质量体验的管理。领队要根据活动过程中的实际情况，不断做出一些具体的决策来提高或降低挑战水平；随着危机的出现，还要做出一些重大的决策调整。

正确决策的产生取决于领队把丰富的经验和对现实情况的认识结合起来，做出准确的判断。其中重要的工作是对每个活动项目的绝对风险进行评判，并随时根据其动态变化进行调整，从而寻找到有效的策略，把剩余风险降低到可接受的水平。在危险环境中可能导致险情发生的因素有以下几点。

（1）不确定的动态环境（如天气）。

（2）不断变化和发展的目标（如受伤会迫使项目进行调整）。

（3）行动 / 反馈循环（如决定穿越河流会造成某些人被水冲走）。

（4）时间限制（如生病的人要求尽快采取行动）。

（5）意义重大的后果（如糟糕的决策造成严重意外的事件）。

（6）不同的参与者（如群体成员或散客）。

（7）组织的目标及标准的影响（如运作机构的性质、企业文化、管理制度等）。

决策过程包括以下几项工作。

（一）对情况的初步了解（情景认识）

个人经验有利于领队对形势的正确辨认。这里的经验是指各种不同环境和情况下的实地经验。新上任的领队往往先是群体成员，随后担任助理领队，最后才有足够的经验对整个群体承担全部责任。这种个人经验对领导工作是不可缺少的。

此外，领队的经验离不开一些间接的来源，如阅读、培训、讨论以及学习等。所有这一切信息构成了认识模式的基础，使社会或客观环境所提供的信息线索得到正确的认识和解释。领队只有理解这些信息才能对具体的情况形成正确的认识和判断。随着经验的积累，认识能力和思维模式会提高并发生变化，成为情景评估阶段或决策活动的基础。当遇到需要决策的情况时，领队要从容面对，而不应该毫无准备和束手无策或惊慌失措。

（二）注重关键特征（形势评估）

这包括感知并理解某些环境线索，如雨、水流及陡峭的地形，以及它们的特征、状况和动态，还要注意察觉大量的言语或非言语线索，如来自群体中的某个个人的表现（如厌倦和行为不当）以及群体的表现（如协调和冲突）。

有经验的领队会很快意识到那些与自己以前碰到或听说过的问题类似的一些问题。领队在众多信息中发现了那些关键性线索并能预见到它们蕴含的意义时，就能对这一问题的典型发展过程做出判断了。这包括可能随后发生的事件及发生的时间，同时使领队做好行动准备，并且制定出切实可行的预案。

（三）活动项目的选择

在考虑某次行动的项目选择调整时，要先设想该选项如何实施，并能预见到可能出现的反应及产生的影响。头脑中的想象产生于以往的经历，因此在这一领域内工作的时间长短非常重要。一项出色的决策所具备的特点是，首先考虑最佳的选项。某个选项没有严重的缺陷，又能达到预期效果，那么就可以采用。如果可能出现较大问题，那么可考虑另一个选项，这样反复筛选，直到最后确定。在活动过程中遇到风险等级提高时，就要适时适当地对活动项目做出坚持、修改或放弃的选择。关键问题是，领队没有时间把所有的选项在头脑中列出清单时，那就缺少选择的余地了。

（四）决策实施及资源管理

领队可以通过对环境及群体的分析来理出线索并选择行动方案。在通过民主过程做出决策之前，可以与群体讨论线索及选项。这样一来，大家可以分享关键的信息。这样有助于群体认清局面、所建议的策略，以及每个人的角色和职责。决策的实施也要求对现有的资源进行整合管理（如发挥群体成员的急救技能及其他特长等）。

（五）结果的思考

从那些必须调整活动目标的事件中，我们应吸取一些重大的教训，这对今后制订更周密、良好的活动计划有重要参考作用。在调整目标时，要先做出决策调整，以提高或降低挑战的水平。这样很有可能有助于活动的成功。对每次活动的经验进行思考和讨论是非常重要的，这有助于人们学习并改进行为方式。通过对结果的总结和分析，领队的专业技能和基本知识会不断得到增强和增加。

总而言之，户外活动领队应负责户外活动之前和期间的风险评估和安全管理，从大量的亲身经历和学习中总结经验，不断提高解决问题以及进行决策的技巧。

三、引起事故的社会和心理因素

有研究明确指出，与个人或组织方有关的社会与心理因素是引发事故的重要因素。这些因素会影响个人对危险的判断能力，使个人在面临更大风险或可能导致事故时做出选择。社会与心理因素可能影响人们是否适于参加户外活动、注意这些因素的存在。在必要的时候提醒参与者，这会对活动与决策产生积极作用。以下是可能引起事故的社会或心理因素。

（1）对环境过于熟悉。

（2）风险转移。

（3）卸掉保护装置。

（4）急于回家。

（5）突发事件。

（6）与归因理论有关的行为，如接受夸奖和推卸责任。

（7）风险自我平衡。

（一）对环境过于熟悉

对环境过于熟悉是指经验丰富的人对地形非常熟悉，以低估所存在的风险等级。一些分析表明，在所调查的一年之内的重大事故中，大部分是由于相似的疏忽或在同一地方的相似环境下发生的，如连续因山洪暴发引起的户外运动死亡事故。这表明，尽管以前发生过事故，但人们仍会抱有侥幸心理，认为此类事故不会发生在他们身上，认为只是偶然的事故。

以下例子就说明了这一点。英国著名登山家伯宁顿在攀登珠穆朗玛峰时写道：进入冰崩地区，你会发现那里根本没有一条安全的道路。你所能做的只是尽力去开辟一条安全的小路。你会时常受到冰塔的威胁，因为那些冰塔随时有可能崩塌。之后，伯宁顿看到了处于持续危险中时所带来的影响：人们在穿过冰河与冰崩道路时的态度变化很奇怪。第一次通过时，人们很小心，前进速度很慢；但当道路开辟出来之后，尽管危险性并没有减少，但人们对冰河的危险性越来越淡漠。

（二）风险转移

风险转移是风险管理的策略之一，把风险向减少、减轻的方向转移，对户外运动顺利进行有积极的作用。

消极的风险转移是指“团队做危险的决定，而个人同意这些决定”。旅途中的前进变得艰难时，消极的风险转移就有可能发生。这时小组中的一些人会对将要遇到的问题认识不清晰，并希望掉头返回。但每个人都不愿意首先提出这个建议，所以队伍就会继续前进。在做决定的过程中，知识与经验欠丰富的人做出的决定会比经验丰富的人做出的决定更加危险。这种情况经常发生在当经验欠丰富的成员自认为自己比其他人胆小而又要硬撑着显示他们的探险精神的时候。这时个体存在的风险会转移到其他人身上。

关于发生这种风险转移的原因，一种解释是“冒险是一种有社会价值的行为”。人们普遍认为冒险可以显示胆量与勇气，还经常会得到比保守更高的评价。大多数人都会崇拜或羡慕那些甘愿冒险的人。在集体活动中，这种社会期望值被放大了，因此人们就会倾向于冒更大的险。

当人们普遍推崇冒险行为的时候，成员不愿被别人看作保守的人也就不奇怪了。在冒险情况下，小组中胆大的成员往往也是最具影响力的人。

由于决策的后果由小组集体承担而不是由个人承担，风险通常会发生部分转移。这种风险转移并没有使风险减小，反而造成了无人负责的局面，使整个集体处于风险当中。例如，一队人欲相互搀扶渡过一条河，但当渡到河中间时，人们才发现有个人从来没有渡过河。这个人开始紧张不安，以致整队在水流很急的水里被冲散，最终导致一人溺水身亡，而其他人漂浮到对岸后，大多数都受到了精神创伤。

（三）卸掉保护装置

此条与“急于回家”及“对环境过于熟悉”相关，但又有其自己的特点。

一次露营活动快要结束的时候，整队人已经一起走过了风风雨雨。在整夜的徒步跋涉中，他们已经联系到了一起，每个人都对胜利充满了信心。最后的项目是要使整个小组翻过“毕业墙”。他们精心计划，然后开始实施计划。要求每个人都尽自己最大的努力，已爬到 3 米高木板上的人员往上拉其他成员。在地上与墙上的人的帮助下，一名女队员经过紧张的努力，终于成功地爬上了墙头。

尽管双腿还在颤抖，这名女队员还是开始往下爬了。这时大家的注意力都集中在下一个将翻越墙头的成员身上。在一声尖叫声之后，人们听见墙后扑通一声，接着是呻吟声。女队员从距地面 2 米高处滑了下去，弄伤了胳膊。

在这名女队员往上爬时，人们都把注意力集中在她的安全上。当她成功爬上墙头时，人们放弃了对她的保护，认为她可以自己下去。这时，人们都把注意力集中在下一个人身上，她也放松了自己的注意力，导致了事故的发生。攀登高山时类似的事情也有可能发生，并可能会导致更加严重的后果。

（四）急于回家

当终点在即，人们经常试图尽快赶回去，去做出发前就已决定好的事情或临时有急事时，"马上回家"的想法就会出现。这种情况会影响个人或组织在户外活动结束时面临的风险等级。例如以下两点。

（1）某个小学班级在当地公园观赏秋天的风景。活动已经超过了预定时间，一些学生要求老师让他们自己回学校，因为老师还要管理打午饭时的排队秩序。老师同意了。看到这些同学走了，其他学生也想回去。没过多久，三分之一的学生已经踏上了返校的路程。这时，老师想起她原来已经与其他人有约，就吩咐其他学生过一会儿自行回校，而她自己急急忙忙先回校了。这与学生们来时严格的管理形成了鲜明的对比。结果到下午 1 点钟的时候，还有 2 名学生没有回到学校。

（2）由 2 位成人与 6 位青年组成的远行队，在他们周末远行计划结束前一小时，来到路尽头一条水流湍急的河流。天气非常恶劣，他们已冒雨走了一整天。青年们当晚需要回家，第二天去学校上课。每个人又湿又累，因为他们没带帐篷，只想赶快回去，或找一个避雨的地方。而且，如果青年当晚不回家的话，他们的父母会非常担心。于是领队决定冒险渡河，这时风险的等级显著提高。

这些都是由于心理或社会压力而要按时回家。由于急于返回，额外增加的风险与回家相比也就被忽略了。"急于回家"或许就是户外运动事故在下午发生的次数比在上午多，户外运动不能善始善终的原因。

（五）突发事件

突发事件是指对安全造成威胁的不可预测的事件或不负责任的行为，使领队在事件突然发生时处于束手无策的境地。由于突发事件在事发前经常是隐蔽性的，领队也会因忽视而犯判断混乱或隐匿重要信息的错误，影响他们正常冷静地进行管理或解决问题。例如，2 位领队商量后决定下午 1 人带队，另 1 位年纪较大的领队去检查雪崩与道路情况，为次日白天穿过高山峡谷做必要准备工作。老领队回来说，道路情况良好。第二天队伍就出发了。但在返回途中，队伍被雪崩分成了两部分，仅相距步行 10 ～ 15 分钟的距离。年轻领队回忆当时情况时说：

"……在前面 1 公里的地方突然发生巨大雪崩，雪崩充满了整个峡谷，就像一列巨大的运货火车。现在回想起来仍然使我害怕。雪崩翻滚而来，像一个巨大的舌头，充满了峡谷的两侧，向我们压过来。后来雪崩停了，我的反应是另外一部分人员到底在哪里？后来我发现另一部分人也在同样担心我们。我静静地看了看周围。我发现有尸体挂在峡谷的另一侧，湖中也有尸体。”

事发之后，这名年轻领队了解到，前一天工作人员已经告诉过老领队，发生雪崩的危险性很高，不要带队走那条路。而老领队似乎并没有把这一忠告放在心上。老领队与年轻领队之间一直是友好的竞争关系。不管是谁带队登上山谷的小屋并安全回来，都会为自己赢得声誉。这位老领队争强好胜和漠视雪崩危险的心态，使他隐藏了关于雪崩危险的信息，从而把团体带进了危险陷阱。

（六）与归因理论有关的行为（接受荣誉，否认过失）

通过对归因理论的基本了解，户外活动领队可以在总结事故时正确理解自己的行为。归因理论，是指人的一种倾向，即将正面的行为或结果归为自己的荣誉，而将不好的或负面的结果归结于外界因素。人的这一倾向源于其维护自尊和正面表现自己的心理需求。

例如，某定向越野比赛小队将其在国家级比赛中的胜利很大程度上归因于自身（如其小队的能力强、英雄般的力量等）。反之，他们将其失败归结于外界因素（失灵的指南针、恶劣的天气等）。

人们不愿意承担产生负面结果的责任，事件的真正原因难以找到，导致防止类似事件再次发生的措施难以出台。

例如，1 名导航能力很差的领队不愿将其自身的能力欠缺告知其同事或参与者。小队迷路长达好几个小时并且超出了规定预期时间，给相关人员造成了很大压力。最后，领队将该事件归因于活动路径出发点没有明确指示牌。但即便把指示牌竖立起来，该领队的导航能力还是很差，以后还是会有类似情况发生。

对户外活动组织而言，应该正确区分责任和过失，因为这两个概念是不一样的。如果户外领队或组织不对活动中发生的某一事件负有责任，他们应证实已采取措施以降低类似事件发生的可能性，并要负责任地承认导致事故发生的相关因素。在尽职尽责后发生的不良结果，并不是过失。

（七）风险自我平衡

一些外出的人因为带手机而会冒更大的风险，而进入更复杂、困难的地区。

因为他们会产生一种类似有恃无恐的心理，觉得手机可以帮助他们解决所有问题。结果在客观上增加了迷路、失踪、孤立无援等风险。手机的损坏、电力不够和信号不清也产生了新的风险。风险自我平衡理论认为，在新的安全装置出现后，人们会将他们准备冒险的量级增加。这就像一个自动调节、闭环控制过程，更像一个恒温器，将伤害、疾病及死亡率保持在一个恒定水平。其实，人们愿意生活中存在一定数量的风险，被称作风险目标级。

风险自我平衡的例子就是在汽车上安装防抱死制动器以提高安全性。但是，随着司机信心的增加，他们驾车时速度更快，更为粗心，与前面的车更为接近。这些司机在开车时更为迅猛，他们的事故发生率并不比没有安装这些装置时低。因此，装有空气囊的汽车，司机开车时往往很鲁莽，这样，就平衡（消减）了空气囊减少风险、保证安全的作用，同时增加了别人死亡的风险。

实际上使开车更为安全的因素，非常重要的不过是简单地调整速度或与其他车的距离。若想阻止年轻人做危险的事情，他们会以危险的方式去做安全的事情。下面的事实可以证明这一点。

（1）一些经验较丰富的户外人员更容易犯错误，因为他们没有新人仔细。他们中间一些人感觉冒更大、更多的风险会更有刺激性。

（2）训练及准备可能使人们盲目自信，从而更加危险。增加裂缝救援或河流救援训练会使一些人冒更多的险。

（3）包里装有手机、身背无线电测向仪或最新的全球定位系统可能使你探险时更有安全感，但不一定会使你更安全，相反，有可能使你更危险。

风险自我平衡理论表明，要增加活动的安全性，不仅要增加更为安全的设备或学习更为安全的技巧，还要不断提高人们对风险存在和风险发生的认识和警惕。只是给参加者最新的设备，给他们传授实用的基本知识，而不强调安全隐患会减少安全性。通常只要强调事故的多发性以引起社会关注就可以增加安全性。有以下几点：①相对于低绳、游戏或其他活动的高事故发生率而言，高绳路径的事故发生率可以忽略不计。虽然高空项目看起来更危险。②在白水区域，低容量橡皮艇的事故率大于高容量橡皮艇的事故率。虽然低容量橡皮艇看起来质量更好，航行更灵活。③男性比女性更愿意冒险。男性教练严重受伤比率比较大，而女性则比较小。虽然男性的体能和技术一般来说要比女性好。

增强参与者对上述事实的重视，可以引导他们调整目标风险水平，从而增加他们自身及他人的安全。最为重要的是，当人们认为安全行为的报酬大于其代价时才会重视增加安全性。事故并非完全取决于安全能力（训练），也非完全取决于安全机会（技术），而是首先取决于安全愿望（动机）。高级户外领队可以从各方面影响安全措施。这些原则巩固了其他安全规程。

第五节　紧急情况处理与救援

紧急情况处理和救援是风险控制的最后一步。紧急情况处理是中止事故发生或减少事故损失的最后机会。救援则是险情或事故发生后的补救措施，以救出被困人员和伤病员，并避免事故的恶化和扩大。救援是一个复杂庞大的系统工程，涉及方方面面和大量的人员、装备器材（包括直升机）和多种专用技术，这里只做一些简单介绍。

一、建立紧急事件反应体系

紧急事件反应体系不是用来评估事件及应对方法的，而是用来迅速建立事故现场与外界（如政府管理部门、户外基地、医院、救援组织等）的联系，从而为现场提供及时的必要支持。建立这种体系需要有完整的规划、恰当的通信技术、经过培训的工作人员。还需通过测试和演习，对其迅速反应的可行性、实效性进行实际考察。有效的紧急事件反应体系应具备以下能力。

（1）为在事故现场处理紧急事件提供后勤支持。紧急事件反应体系应掌握当地可利用的医疗资源、搜索救援资源、撤离资源及可能的通信资源。在必要情况下，协调有关方面，迅速为事故处理提供上述支持。

（2）为现场的户外领队提供咨询支持和精神支持。例如，在一些案例中，在领队要做出艰难的决定时（命令当事人退出活动等）、处理领队之间及领队与参与者之间的分歧时、处理各种矛盾冲突等情况时，他们需要这些支持。

（3）管理通信联络。

（4）充分做好全过程的记录。

二、事件处理

险情或事故发生后，应根据风险预案开始紧张而有序的工作。如果事先没有制定风险预案，或领队缺乏事件处理训练的能力，领导失控，则现场可能出现混乱的局面。张皇失措、群龙无首、各行其是、乱指挥等情况都有可能发生。如果采取不合理或无效的措施去处理事件，往往会使事态恶化。为了控制住局面，需要做好以下几项工作。

（1）评估并控制局面，按轻重缓急安排工作顺序。由领队或权威人士统一指挥。注意照顾全体人员，避免再次发生事故。

（2）使用正确的处理策略。例如，迅速将受害人从可能威胁生命的场所移出。

（3）尽早开始伤病急救处理。

（4）激活紧急事件反应体系。通知应急服务机构和活动组织方的负责人或值班人，通知有关管理部门。

（5）撤离事故现场。将伤患送往医疗机构，组织其他人安全撤离。

（6）需要时向外界发出求救信息。

（7）后续处理。后续处理中要考虑到以下问题：

①事件解决后，原计划的活动是否继续进行；

②混乱局势是否已被控制；

③是否联系了所有有关当局；

④如何面对媒体和公众。

（8）返回本单位后立即整理全面报告，报送有关方面。

三、救援概述

一旦发生险情或事故，需要进行救援时，领队要保持清醒、冷静的头脑，判断所面临的风险形势及其发展趋势，沉着应对。领队必须发挥强有力的领导力，把大家组织起来，安定情绪，安排好各自的责任。坚决避免或消除因惊慌失措而自行其是的局面，这些混乱的局面不仅会极大地干扰应急处理，而且会导致险情的恶化和出现新的险情，产生雪崩似的崩塌效果。正确的评估并采取有效的措施，开展紧张而有序的应急处理工作，有赖于领队领导能力、技术能力、经验策略的积累。救援紧急处理包括以下几个方面的具体工作。

（1）迅速、准确判断事故或险情的严重程度。包括可能的最坏结果、各种发展变化的可能性。例如，迷路时，则要考虑迷路发生的原因和过程，根据环境特点、技术和装备情况及自己与队员的能力，决定是找路还是返回或待援。

再如发现伤病人员，要对病情及时进行识别并对严重程度进行判断，采取针对性措施给予救治。

（2）采取正确有效的救治方法。例如，发生高山疾病时，首先要设法将患者迅速下撤，下撤过程中给予吸氧和药物治疗。队员落水时可能失温，首要的措施是尽快使其脱离湿冷的环境，帮助其尽快恢复体温。

（3）一定要保证救援人员的安全，避免事态的扩大和进一步混乱。例如，独自一人去寻找迷失人员，反而容易发生搜寻者遇难的情况。救援人员在技术操作中没做好自我保护而遇难的情况也曾发生。

（4）山难一旦发生，营救工作应当包括自救、互救和救援三个层次。这三个层次应当紧密衔接，及时进行才能达到良好效果。必要时，要同步进行。

自救：做好自救的重点是登山前对登山者进行培训和教育，使登山者掌握必要的登山与相关的科学知识，熟练掌握各种登山技术并正确使用登山装备，掌握发生事故时的应急措施和求助方法。例如，天气突然变坏时做出正确判断，决定是走还是停，会找安全地方避险；会躲避雪崩及在雪崩发生时逃生；会在滑坠时进行自我保护；会处理伤病和使用急救药品；在处于险境时，有较强的野外生存能力，等等。

互救：互救首先要有友爱精神，为了伙伴的安全而放弃登山。同时要审时度势、灵活机动、因地制宜、因陋就简地迅速采取应急措施，进行救援。互救工作最重要的原则如下。一是对伤病员进行急救处理，包括实施药物治疗，外伤包扎、止血、人工呼吸等。然后迅速护送伤病员向低海拔处或安全地点下撤。没有担架时，可使用树木、背架、睡袋等制作搬运工具。尤其对高山病患者，向下撤几百米，就可能挽救一个人的生命。二是在自己无力承担救援工作时，立即千方百计发出求救信号，不要无谓地拖延时间。三是救助他人时，要采取相应措施保证自己的安全。

救援：在收到求救信息后应立即开始，关键在于快速和有效；在于救援系统的完整性并时刻保持招之即来、来之能战的状态；在于掌握各种救援技术。组织一次救援活动要比在当地组织一次户外活动更加复杂和困难。具体措施如下：一是尽可能收集事故发生地区和事故状态的有关信息。包括遇难的人数、性别、健康状态、遇险团体的状态、经验能力、所携带的装备和食品等，还要了解遇难地点或范围、遇难时间等。二是确定搜寻方案。在信息不全的情况下，确定在什么地方和如何开展搜寻是很困难的。搜寻工作的原则是尽可能全面细致，不落死角，不轻易放弃。搜寻方法从大的方面可分为空中搜寻和地面搜寻，最好通过通信手段将两方面的搜寻结合起来。搜寻使用的技术手段很多，如使用定位仪、定向仪、红外线或雷达搜索仪、望远镜、夜视镜、声光指示仪、烟雾发生器、信号灯、搜寻犬乃至直升机等。三是现场急救。为下一步救援做好准备工作。四是搬运。一般的搬运要点是做好骨折的固定，尤其是脊柱损伤必须注意搬动伤员时不能造成新的更严重的损伤。在深山峡谷中、悬崖下、雪山上搬运伤病员就困难多了，需要更多专业的装备和技术。五是送至安全的地方或医院。

参考文献

著作

[1] 保罗・霍普金 . 风险管理 : 理解、评估和实施有效的风险管理 (第二版)[M]. 蔡荣右 , 译 . 北京 : 中国铁道出版社 , 2014.

[2] 范道津 , 陈伟珂 . 风险管理理论与工具 [M]. 天津 : 天津大学出版社 , 2010.

[3] 范道津 , 陈伟珂 . 风险管理理论与工具 [M]. 天津 : 天津大学出版社 , 2010.

[4] 范道津 , 陈伟珂 . 风险管理理论与工具 [M]. 天津 : 天津大学出版社 ,2010.

[5] 郭波 , 袭时雨 , 谭云涛 , 等 . 项目风险管理 (第 2 版)[M]. 北京 : 电子工业出版社 , 2018.

[6] 刘钧 . 风险管理概论 (第二版)[M]. 北京 : 清华大学出版社 . 2008.

[7] 刘新立 . 风险管理 (第二版)[M]. 北京 : 北京大学出版社 , 2006.

[8] 罗云 . 风险分析与安全评价 (第三版)[M]. 北京 : 化学工业出版社 , 2016.

[9] 吕淑然 , 王建国 . 安全生产事故调查与案例分析 [M]. 北京 : 化学工业出版社 , 2016.

[10] 马丁・鲁斯摩尔 , 约翰・拉夫特瑞 , 查理・赖利等 . 项目中的风险管理 [M]. 刘俊颖 , 译 . 北京 : 中国建筑工业出版社 , 2011.

[11] 马丽华 , 周灿 . 风险管理原理与实务操作 [M]. 长沙 : 中南大学出版社 . 2014.

[12] 马丽华 , 周灿 . 风险管理原理与实务操作 [M]. 长沙 : 中南大学出版社 . 2014.

[13] 马文・拉桑德 . 风险评估 : 理论、方法与应用 [M]. 刘一骝 , 译 . 北京 : 清华大学出版社 , 2013.

[14] 牛小洪 , 董范 , 李伦 . 野外生存 [M]. 武汉 : 中国地质大学出版社 ,2016.

[15] 佟瑞鹏 . 风险管理与保险 [Ml. 北京 : 中国劳动社会保障出版社 ,2014.
[16] 阎春宁 . 风险管理学 [M]. 上海 : 上海大学出版社 , 2002.
[17] 周三多 , 陈传明 , 刘子馨 , 等 . 管理学——原理与方法 (第七版)[M]. 上海 : 复旦大学出版社 , 2008.
[18] 何文炯 . 风险管理 [M]. 北京：中国财政经济出版社 .2005: 75.
[19] 邓铁军 . 工程风险管理 [M]. 北京：人民交通出版社 .2004: 57.
[20] 吕淑然，王建国 . 安全生产事故调查与案例分析 [M]. 北京 : 化学工业出版社，2016: 7-10.
[21] 马丽华，周灿 . 风险管理原理与实务操作 [M]. 长沙 : 中南大学出版社，2016:50.
[22] 刘钧 . 风险管理概论（第二版）[M]. 北京 : 清华大学出版社，2008: 71.
[23] 陈全 . 职业健康安全风险管理 [M]. 北京 : 中国标准出版社，2011: 50.

期刊论文

[1] 陈红 . 北京高校户外运动社团的发展现状与对策研究 [D]. 北京体育大学 , 2013.
[2] 陈婧瑜 , 王方刃 , 郁扬 , 等 . 福州市高校大学生户外运动现状与预防损伤调查 [J]. 中国社会医学杂志 , 2011, 28(4): 271–273.
[3] 陈瑛霞 . 运用系统优化原理提高人力资源的探讨 [J]. 才智 , 2011(2).
[4] 高进 , 石岩 . 中学生体育活动伤害事故的风险管理 [J]. 体育与科学 , 2008, 29(5): 79–84.
[5] 高誉松 . 贵州省高校户外运动课程的现状及对策 [D]. 成都体育学院 , 2012.
[6] 古维秋 . 体育教学中伤害事故的风险管理 (1). 首都体育学院学报 , 2007, 19(2): 102–104.
[7] 何春艳 , 刘伟 . 风险管理研究综述 [J]. 经济师 , 2012, (3): 17–19.
[8] 何春艳 , 刘伟 . 风险管理研究综述 [J]. 经济师 , 2012, (3): 17–19.
[9] 胡秉娇 , 晁岳刚 . 翟丽娟 , 等 . 中美大学生户外运动现状的调查和比较研究 [J]. 山东体育学院学报 , 2008, 24(12): 82–85.

[10] 黄亨奋 . 对我国普通高校户外运动安全防范管理体系的研究 [J]. 吉林体育学院学报 , 2007(4): 44–45.

[11] 黄学思 . 影响江西高校体育院系大学生户外运动展的因素分析 [D]. 北京体育大学 , 2008.

[12] 姜梅英 . 中国山地户外运动风险防范机制研究 [D]. 北京体育大学 , 2013.

[13] 姜梅英 . 中国山地户外运动风险防范机制研究 [D]. 北京体育大学 , 2013.

[14] 李雪涛 , 刘夏夏 . 山地户外运动的现状及对策研究 [J]. 运动 , 2012(2): 149–150.

[15] 李雪涛 . 山地户外运动安全因素分析及对策研究 [D]. 北京体育大学 , 2012.

[16] 刘文君 . 江西省高校户外运动课程资源开发与利用研究 [D]. 华东交通大学 , 2015.

[17] 马洪保 . 甘肃省高校户外运动课程内容资源开发研究——以兰州理工大学为例 [D]. 兰州理工大学 , 2011.

[18] 陈强 , 宋海滨 , 唐新宇 . 贵州山地户外运动产业发展制约因素及其对策研究 [J]. 贵州民族大学学报 : 哲学社会科学版 , 2013(6): 137.

[19] 孙镭 . 户外体育社团对体育课程的影响研究 [J]. 长春理工大学学报 (社会科学版), 2010, 23(1)134–135.

[20] 田旻露 , 魏勇 . 简论学校体育伤害事故的风险 [J]. 首都体育学院学报 , 2008, 20(5): 35–37.

[21] 王迪迪 . 学校体育安全风险管理探究 [D]. 北京体育大学 , 2011.

[22] 王加益 . 高校户外运动课程中融入“绿色教育”的研究与实践 [J]. 浙江体育科学 , 2011(7): 75–78.

[23] 王三保 . 武汉地区普通高校开设户外运动课程的可行性研究 [D]. 华中师范大学 , 2007.

[24] 王岩 . 我国学校体育伤害事故致因模型及其预防 [D]. 北京体育大学 , 2011.

[25] 徐鹏 . 户外运动课程体系构建研究——以成都体育学院为例 [J]. 四川体育科学 , 2014, 33(4):125–129.

[26] 许蓉蓉 . 上海市高校户外体育社团风险评价研究 [D]. 上海体育学院 , 2016.

[27] 薛科展 . 户外徒步运动事故统计及安全风险评估研究 [D]. 中国地质大学 , 2013.

[28] 闫丽华 . 山地户外运动 : 安全不容漠视 [J]. 大众标准化 , 2014(2): 18–19.

[29] 严复海 , 党星 , 颜文虎 . 风险管理发展历程和趋势综述 [J]. 管理现代化 , 2007(2): 30–33.

[30] 杨汉，董范，郑超，等．高校体育课程——户外运动教学体系的研究 [J]. 北京体育大学学报，2005, (6): 789–791.

[31] 杨晓军．高校体育教学中的风险思考 [J]. 教师教育，2007, 19(5): 66–68.

[32] 杨亚琴，邱菀华．学校体育组织过程中的风险管理研究 [J]. 西安体育学院学报，2005, 22(5): 84–89.

[33] 翟丽娟．中美大学生户外运动现状及动机因素的调查与比较研究 [D]. 辽宁师范大学，2008.

[34] 张左鸣．高校运动伤害的风险研究 [J]. 西安建筑科技大学学报 (社会科学版), 2008, 27(3): 97–100.

[35] 钟镇吉．长春市高校大学生户外运动开展现状及对策研究 [D]. 东北师范大学，2010.

[36] 左刚，王德志，万江，等．提升地学类专业人才素质的高校户外运动课程体系 [J]. 国土资源科技管理，2015, 32(3): 61–65.

[37] 石岩．我国优势项目高水平运动员参赛风险的识别、评估与应对 [D]. 北京体育大学，2004: 15.

[38] 宋学岷．社会网络视角下户外运动共同体的结构与发展机制研究 [D]. 上海体育学院 ,2018：2.